**정명섭**

1973년 서울에서 태어났다. 대기업 샐러리맨을 하다가 바리스타를 거쳐 현재는 전업 작가로 활동 중이다. 남들이 볼 수 없는 은밀하거나 사라진 공간을 이야기할 때 비로소 글이 빛이 난다고 믿고 있다. 역사 추리소설 《적패》를 시작으로 《김옥균을 죽여라》, 《폐쇄구역 서울》, 《좀비 제너레이션》, 《멸화군: 불의 연인》, 《명탐정의 탄생》, 《조선변호사 왕실소송사건》, 《별세계 사건부》, 《남산골 두 기자》, 《미스 손탁》, 《상해임시정부》, 《유품정리사》 같은 다양한 소설을 발표했고, 역사 인문서 《조선백성실록》, 《조선직업실록》, 《조선의 명탐정들》, 《일제의 흔적을 걷다》, 《조선의 엔터테이너》 등을 집필했다. 제1회 직지소설문학상 최우수상을 수상했으며, 제21회 부산국제영화제에서 NEW크리에이터 상을 받았다. 2019년 원주시의 한 도시 한 책 읽기에 《미스 손탁》이 선정되었다.

**김효찬**

1973년 서울에서 태어났다. 일상의 어느 한 순간에서 느껴지는 감정을 그림으로 그리는 걸 좋아한다. 그래서 노트와 펜을 들고 다니며 순간을 그림으로 남기는 화가가 되었고, 그림이라는 언어로 표현하는 작가가 되었다. 이를 같이 하는 사람이 많아졌으면 하는 마음에서 일상드로잉, 인물드로잉, 크로키 등의 강의를 하고 그림책 작업에 열중하고 있다. 《유혹의 학교》, 《불교를 철학하다》, 《초딩도 안다 당신도 알 수 있다》, 《영화, 뉴욕을 찍다》 등의 책에 일러스트를, 《나는 개구리다》, 《괜찮아 방법이 있어》 그림책에 그림을 그렸다. 지은 책으로는 《펜과 종이만으로 일상드로잉》, 《펜과 종이만으로 인물드로잉》, 《펜과 종이만으로 어반드로잉》, 《하나로 연결된 삶》이 있다.

# 오래된 서울을 그리다

# 오래된 서울을 그리다

역사 따라 걷는 서울 골목길 산책

정명섭, 김효찬 지음

차 례

## 프롤로그

### ❀ 우리는 동갑내기라는 점을 빼고 공통점이 없었다

나는 직장생활을 하다 바리스타를 거쳐 작가가 되었고, 그는 자기 사업을 하다가 그림을 그렸다.

둘 다 결혼을 하긴 했지만 나는 아이가 없는 반면, 그는 아주 예쁜 딸을 두었다.

나는 그림을 하나 그리려면 온종일 낑낑거려야 했지만, 그는 차 한 잔 마실 시간에 멋진 그림을 뚝딱 그려냈다.

나는 성격이 몹시 급해서 뭔가 보이면 뛰어야 하는 반면, 그는 어떤 상황에서도 느긋하게 걷는 편이었다.

## ❀ 전혀 다른 두 사람이 서울을 걸었다

구불구불한 골목길을 걸었고, 잘 포장된 아스팔트 도로를 걸었다. 끝이 없는 계단을 오르기도 했고, 내리막 급경사를 걷느라 식은땀을 흘리기도 했다. 그라피티로 물든 벽을 보면서 걸었고, 담쟁이 넝쿨이 흐르는 정겨운 벽돌 담장을 걸었다.

우리는 서울을 천만의 인구가 사는 복잡하고 현대적인 도시로 생각한다. 하지만 서울은 조선이 도읍으로 삼은 이래 육백 년이 넘는 전통을 가지고 있다.

그동안 큰 화재로 인해 피해를 보기도 하고, 일본강점기 때는 수도의 자격을 빼앗긴 채 경기도의 한 도시로 위상이 하락하기도 했다. 전쟁이 터지면서 두 차례나 적에게 빼앗기면서 그야말로 큰 피해를 보기도 했다. 전쟁이 끝난 후에는 급격한 재개발로 인해 그나마 살아남은 옛것의 흔적들이 사라지고 말았다.

## ❀ 그러나 서울에는 길이 있다

짚신과 나막신을 신은 사람들과 말과 가마가 오가던 흙으로 된 길에 아스팔트와 보도블록이 깔리고, 구두를 신은 사람이 발걸음을 옮기고, 자동차 타이어들이 먼지를 일으키며 지나간다.

하지만 길은 그대로이다. 세상이 변해도 길은 변하지 않았다. 그래서 길은 최소한 수백 년의 역사를 품고 있다.

우리가 함께 걸은 그 길은 전쟁과 고통의 길이었고, 왕과 백성의 길이었다. 시간을 품은 채 멈춰버린 것 같은 길이었고, 멸종되어가던 한옥들이 옹기종기 모여 있는 길이었다. 임금의 총애를 얻기 위해 목숨을 걸어야만 했던 후궁들의 길도 있었다.

길에서 만나는 역사는 실록 같은 책에서 만나는 역사처럼 정돈되어있지는 않다. 하지만 스쳐 지나가는 바람에서 오래된 한옥의 냄새를 맡을 수 있고, 구불거리는 골목길에 드리워진 그림자를 보고 그 길을 걸었던 사람들의 흔적을 느낄 수 있다.

### ❀ 길을 걷는 것은 역사를 걷는 것이다

나는 길에서 만난 역사를 기억하기 위해 글을 썼고, 그는 그림을 그렸다. 단언컨대 역사를 그린 것 중 가장 아름답고 파격적일 것이다. 글과 그림이 함께 하는 새로운 시도는 역사를 색다르게 보여줄 것이다. 우리는 역사를 만나기 위해 같은 길을 걸었다.

첫번째 산책

# 왕과 백성의 길

## 종묘와 서순라길

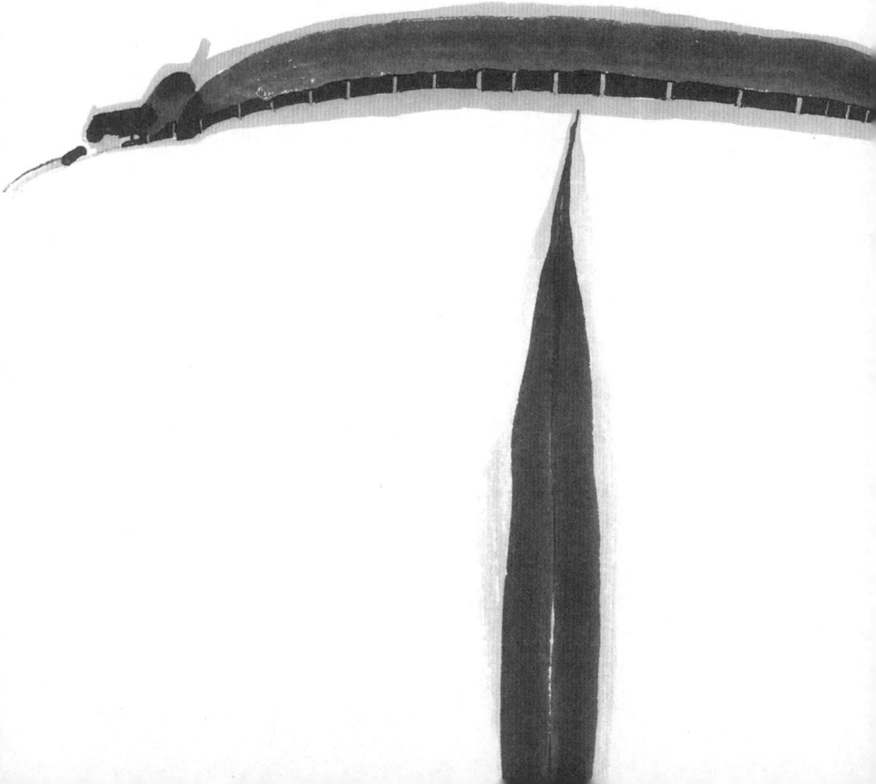

## 종묘

본래 색이 검지 않음에도 끝없이 검고 무거운 건물은 죽음의 무게에 대해 이야기한다.

이어지는 계절 안에 겨울이 있듯, 삶의 일부로써 죽음만을 생각해왔는데 이토록 죽음만을 뚝 떼어낸 이야기라니, 어쩌면 죽음의 일부로써 삶을 이야기하는 건 아닌지.

넓은 월대 위에 검고 긴 건물은 한눈에 볼 수 없어 유연하게 휘어진 모습이다. 아무렇지도 않게 무거운 이 건물이 놀랍도록 아름다운 것은 이야기하고자 하는 것 외에는 어떤 말도 없기 때문이다.

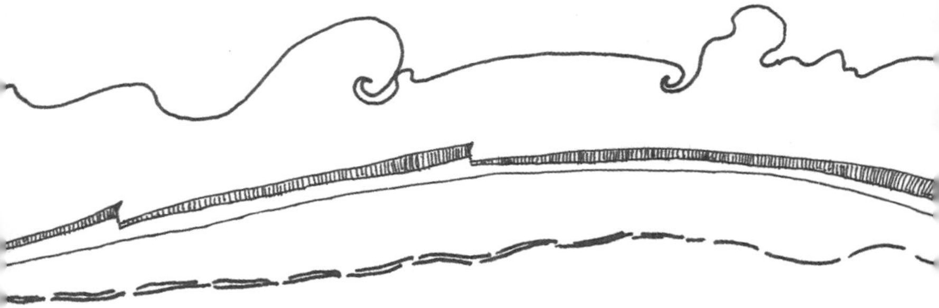

## 월대

종묘의 주인공은 단연 월대라고 할 수 있다. 검은 건물이 이야기하는 죽음이 상상했던 것과 결이 같다면, 월대가 말하는 은색의 죽음은 두려움보다는 마무리의 가벼움이나 다음의 기약 같은 느낌이다.

내가 종묘와 월대를 보며 느낀 죽음의 모양은 겨울나무처럼 바짝 마른 모습이기도 하고, 봄을 품어 부유한 모습이기도 하다. 어떤 형태의 죽음이든 삶의 한 모습으로 조금은 친근하게 곁에 두어 일상을 이어갈 수 있을 것 같다. 나는 꽤나 어른이 된 듯한 기분이다.

## 나무의 정령

정명섭 작가가 종묘에 관한 흥미로운 이야기들을 들려줄 때도 나는 삶과 죽음에 관한 생각에 갇혀 극심한 피로감을 느꼈다. 어쩔 수 없이 큰 나무 아래서 쉬기로 했고, 그늘에 잠시 앉아 있었을 뿐인데, 체력은 곧 회복되어 다시 걸을 만한 상태가 됐다. 죽음을 모시는 곳에 있는 나무에서 정령들의 마법처럼 생명력이 짙게 느껴지는 건 신기한 일이다. 덩치가 큰 정명섭 작가가 마법사처럼 지치지도 않고 말하면서 빨리 걸을 수 있는 것은 더 신기한 일이라 생각했다.

## 상냥한 청년 같은 나무

언젠가 벌초하러 갔을 때, 거칠게 자란 나무와 풀을 보며 사람들이 생각하는 자연과 야생의 자연은 크게 차이가 있을 거란 생각을 했다. 나는 종묘 뒤쪽 어느 한적한 곳에서 다시 그 생각을 떠올렸다. 이곳의 나무들은 사람의 손길이 닿아 잘 자란 자식처럼 훤칠한 모양으로 상냥한 느낌이다. 이 상냥한 청년 같은 나무들은 시원한 차 한 잔 내오듯 내게 짙은 그늘을 내어주었다. 그리곤 사소한 칭찬처럼 바람 소리를 들려준다. 나는 그 쏴아~ 소리에 금세 기분이 좋아져 이곳을 더 천천히 돌아볼 수 있었다.

바른 청년 같은 이곳의 자연이 계속 적당한 손길을 받으며 이대로 잘 자라주길 바란다.

## 새벽 종소리에 포근함

종묘 뒤쪽 구석구석에는 소소함과 포근함이 있다. 이 아무렇지도 않은 풍경에 몸을 묻는다면 누구라도 무거운 생각을 내려놓을 수 있을 것 같은 좋은 느낌.

나는 지금은 들을 수 없는 새벽 교회 종소리를 무척이나 좋아한다. 차갑게 푸른 새벽, 그 서글프고 청량한 소리는 어린 내게 괜찮다고 말해주어 난 아무런 걱정도 없이 잠들곤 했다. 그때의 포근함이 이 낡고 작은 문 앞에서 느껴지는 건 무슨 이유일까? 새벽 종소리 같은 긴 호흡을 다시 느낀다. 나는 아주 깊은 숨을 여러 번 쉬었다.

## 다른 시간이 흐르는 듯

정명섭 작가를 따라서 종묘 뒤쪽으로 갔을 땐 바람이 강하게 불었다. 나무는 흔들리고 잎도 날리지만, 종묘 뒤쪽은 새벽처럼 정갈해 마치 담장 너머와 다른 시간이 흐르는 듯 고즈넉했다. 나는 찾는 이 없는 이곳의 담장을 쌓았을 손길을 생각했다. 기도하듯 쌓아 올린 정성이라면 누구라도 무겁게 느낄 텐데, 정갈한 돌담을 가벼운 재주로 순간 휙 그려 버려도 괜찮을는지. 담장 밖에 바람이 불어도 조용한, 다른 시간이 흐르는 그런 그림을 그리고 싶다.

## 종묘 뒤뜰, 하나로 연결된 뒤뜰

건물의 뒤뜰로 계속 다녔다. 세차던 바람이 거짓말처럼 잦아들자 숲과 건물은 다시 하나의 유기체처럼 일렁이고 빛났다. 서 있는 나까지도.

뜰과 하나인 듯 빛과 그늘의 일렁임이 내 손등에서의 일처럼 간지러웠다.

특별할 것 없는 이런 경험조차 그림으로 풀어내기란 왜 이리도 어려운 건지. 하나로 연결된 듯, 유기체 같은 이곳을 차라리 나는 한 개의 선으로 그리기로 했다. 모든 것은 원래 하나로 연결된 것이니.

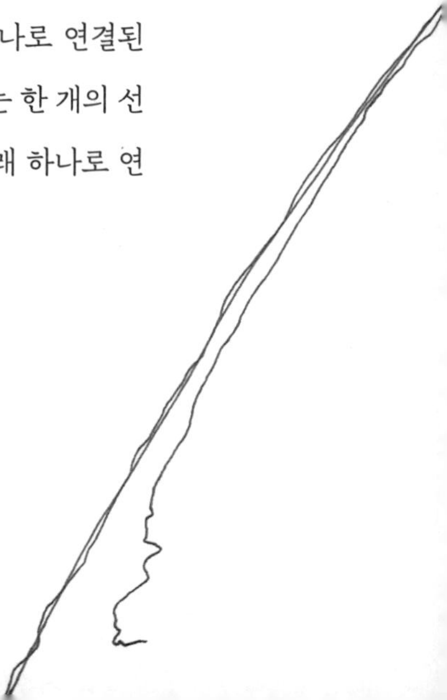

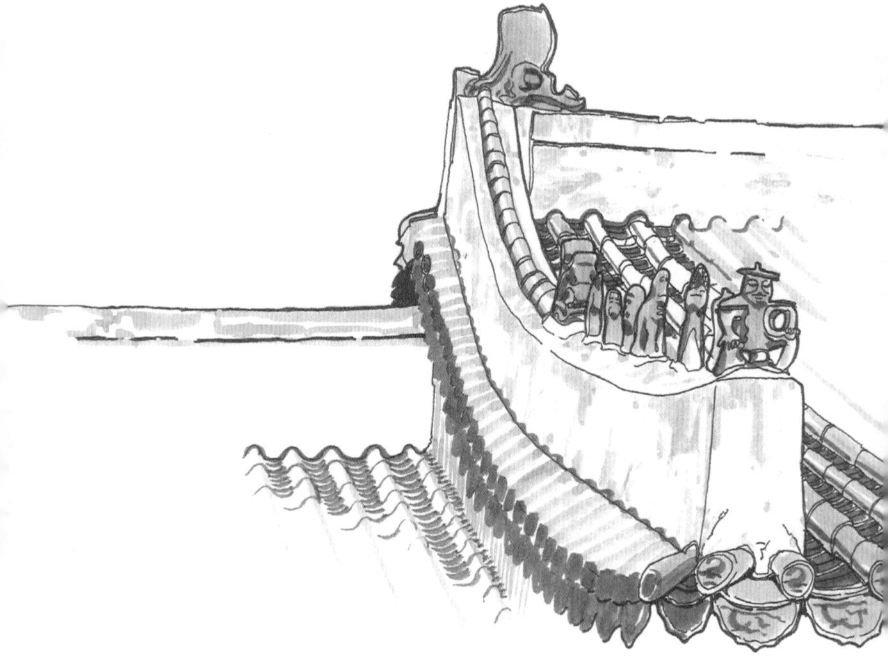

## 어처구니없지만

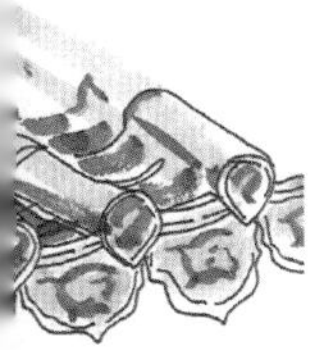

어처구니가 손오공 일행의 형상임을 처음 알았다. 천축국이 아닌 조선 건물 지붕 위라니, 나는 어처구니의 용도가 예술품의 오브제처럼 상상력을 자극하는 게 아닌가 생각했다.

한가롭게 형상들을 보며 소용없는 상상을 하다가 문득 어처구니가 있는 곳이 콘크리트임을 발견하곤 몹시 섭섭했다. 완벽할 것 같던 작품에 옥에 티를 발견한 것 같은 아쉬움.

조선 왕들의 죽음을 모신 건물 지붕엔 콘크리트와 그 위로 천축국을 향하는 일행이 앉아 있었다. 어쩐지 어처구니없지만, 그런대로 보기 좋은 모습이다.

## 기억은 불투명해 그리운 것이다

깊은 숲속에 있는 것 같았는데 담장 너머 종로타워와 매끈한 현대식 빌딩들이 보여 나는 이곳이 종로 한복판임을 다시금 인지한다. 나는 종로타워와 종묘 근처 골목들에 대한 기억을 떠올렸다. 새삼 떠올린 기억은 시간의 앞뒤가 바뀐 것 같아 오롯이 믿을 수는 없다. 오히려 그렇게 불투명한 탓에 힘들었던 기억조차 그리운 거겠지. 피맛골 어느 고갈비집에서 유물 같은 50년 된 소주를 운 좋게 얻어 마신 밤도, 고단한 친구와 주머니 사정에 맞춰 아쉽게 나눈 삼겹살과 소주도.

언젠가 엄마는 늙으면 추억으로 사는 거라며 젊어서 열심히 놀고 일하고 뭐든 열심히 하라는 말씀을 하셨다. 이제 엄마 말씀을 이해하는 입장으로 조금은 더 열심히 이곳을 다니고 그리며 쓰기로 한다.

## 삶이 이어지는 서순라길

죽음을 이야기하던 종묘의 담장 너머에는 서순라길이 있어 삶과 일상에 대해 이야기하는 듯하다. 일상을 이어가는 모습으로 길게 전개되는 좁다랗고 아기자기한 길에는 오래된 중국집과 작고 예쁜 카페 그리고 뜬금없이 귀금속 가게 등이 있어 상인과 행인들이 복작복작하다. 이 특별할 것 없는 거리가 특별한 건 담장 사이로 죽음이 있기 때문이겠지. 나는 이 거리의 기원을 알고 싶어 정 작가의 이야기에 귀를 기울이지만 이야기는 다른 쪽 귀로 솔솔 새고 자꾸만 삶의 한 부분으로서 죽음에 대해 생각했다. 삶과 죽음은 별개가 아님에 대해 생각했다.

일방통행

## ❀ 죽은 왕들의 정원

종로3가역 11번 출구로 나와서 귀금속 판매점들이 있는 거리를 좀 걷다 보면 오른편에 세운상가가 나오고 왼쪽에 탁 트인 광장이 나온다. 인공미가 물씬 풍기는 돌다리를 건너서 손병희 동상을 지나면 아담하지만 위엄 있는 종묘 입구인 외대문이 보인다.

사극에 자주 나오는 대사 TOP 3를 꼽자면 아마 "성은이 망극하옵니다."와 "통촉하여 주시옵소서.", 그리고 마지막으로 "종묘사직을 보존하소서."이지 않을까. 어린 시절 과자를 먹으면서 TV를 보다가 그 대사가 나오면 대체 종묘와 사직이 뭔데 신하들이 임금에게 저렇게 보존하라고 난리를 치는지 이해할 수 없었다. 나이가 들고 종묘가 무엇인지 알게 되었을 때 나도 모르게 고개를 끄덕거렸다. 조선 건국 초기, 새로운 도읍으로 한양을 정했을 때 가장 먼저 지은 것도 종묘였고, 제1차 왕자의 난 이후, 개경으로 환도하면서 한양이 텅텅 비어버렸을 때도 종묘가 남아있다는 이유만으로 양경제, 즉 개경과 한양을 모두 도읍으로 삼자고 이야기가 나올 정도였다. 태종이 재차 도읍을 정하기 위해 척전(동전 던지기)으로 도읍 후보지의 길흉을 점친 곳도 바로 종묘였다. 왕가의 사당인 종묘는 어떤 면에서는 궁궐보다 더 중요한 곳이었다.

세종 8년인 서기 1426년 2월 15일, 한양은 큰 화재에 휩쓸린다. 공노비인 장룡의 집 아궁이에서 번진 불이 때마침 불어닥친 바람을 타고 삽시간에 한양을 태운 것이다. 종로의 시장과 민가, 관청들이 잿더미가 되었고 궁궐까지 화마가 접근했다.

당시 세종대왕은 한양 밖에 있었고, 궁궐에는 중전만 남아있었다. 중전은 다른 곳은 몰라도 종묘와 창덕궁은 무슨 일이 있어도 지키라는 명령을 내렸다. 그리고 그날 저녁, 화마가 잡히자 비록 큰 피해를 입었지만 종묘가 무사했으니 다행이라고 했다. 그 이전으로 거슬러 가도 종묘의 중요성을 알 수 있는 기록들은 많다.

종묘는 단순히 선왕의 위패를 모셔놓은 공간이 아니다. 왕가의 상징이자 신성불가침 영역이며 나라의 기둥이었다. 죽은 왕의 몸은 왕릉에 묻히지만 혼은 종묘의 위패에 모셔진다. 그러면서 새로운 신이 되고, 그 뒤를 이은 왕이 제사를 주관하면서 권위를 인정받는다. 즉 종묘는 인간인 임금이 하늘과 만나는 신성한 공간이다.

신이 된 임금들을 모셔놨기 때문에 종묘의 정전과 영녕전의 규모는 조선이 만든 그 어떤 궁궐의 정전보다 크고 넓다. 그런 탓인지 지금도 종묘에 가면 신령스러운 기분이 느껴진다. 이곳은 신성불가침 공간으로 여기를 훼손하거나 침범하는 것은 곧 임금에게 도전하는 것으로 비친다.

태종 17년인 1417년 3월, 장악원 악공인 이오방이 임금의 명령으로 처형당한다. 세자인 양녕대군을 유혹해서 술과 여자에 빠트리게 했다는 죄목인데, 특히 종묘로 몰래 들어가서 대나무로 만든 사다리인 죽교를 이용하여 창경궁으로 넘어가 궁궐로 침입했다는 것이 큰 죄로 꼽혔다.

악공인 탓에 종묘 내부를 잘 알고 있던 그는 몰래 궁궐로 들어가기 위해 상대적으로 경비가 허술한 종묘를 침입 경로로 선택했던 듯하다. 그는 나중에 임금이 될 양녕대군에게 잘 보이기 위해 나름 승부수를 던진 것이지만, 안타깝게도 양녕대군의 아버지는 태종 이방원이었다. 처음에는 아들에게 불똥이 튈까 봐 공주의 관노로 보내는 선에서 마무리하려 하였으나 여죄를 추궁하는 와중에 궁궐 안에 들어가 술을 마시고 노는 정도가 아니라 아예 세자와 함께 밖으로 나와 관리인 구종수의 집에까지 갔다는 사실이 밝혀졌다.

크게 노한 이방원은 구종수와 함께 이오방을 처형하라고 명했다. 신성한 종묘를 더럽힌 죄로 죽임을 당한 것이다. 물론 자신이 아직 팔팔하게 살아있는데 후계자인 세자에게 잘 보이려 줄을 서는 것에 대한 괘씸죄도 더해졌을 것이다.

## ❀ 도심 속의 숨겨진 공원

종묘는 지금도 제한된 인원만 입장할 수 있으며, 궁궐과는 달리 건물이 별로 없기 때문에 조용하면서도 신성함을 느낄 수 있다. 번화가인 종로에서 불과 몇 미터 떨어져 있지 않은 곳에 이런 곳이 있다니, 고즈넉한 분위기를 즐기기에는 참으로 맞춤한 공간이다.

종묘는 궁궐과는 사뭇 다른 분위기를 풍기는데, 그것은 아마도 주인이 달랐기 때문으로 보인다. 궁궐의 주인인 임금은 살아있는 권력이므로 수천 명의 궁녀와 환관, 왕실 가족을 거느린 존재였다. 반면 종묘의 주인은 승하한 임금의 혼령을 상징하는 '신위'였다. 위패라고 불리는 신위는 죽은 자의 상징물로서 존재했기 때문에 어떻게 보면 또 하나의 왕릉이라고도 할 수 있다.

조선은 성리학을 지배 이념으로 채택했으나 당시 백성은 물론 사대부에게도 낯설었다. 따라서 왕실이 앞장서서 성리학이 무엇인지 보여줘야만 했고, 더불어 왕실의 권위도 드높여야 했다. 유교의 고향인 중국에서 시작된 종묘 제도는 바로 그런 역할을 맡기기에 더없이 적당했다. 그래서 중국에서는 새로운 왕조가 들어설 때마다 전 왕조의 종묘를 부수고 자신의 종묘를 세우곤 한다.

조선 역시 종묘의 건설을 대단히 빨리 서두른다. 1392년 7월 28일 이성계는 즉위 교서를 반포하고, 9월 30일 서운관 관원을 불러 종묘를 지을 장소로 어디가 적당한지 물어본다. 서운관 관원은 개경 안에는 좋은 땅이 없고, 고려 왕실의 종묘가 있던 곳이 가장 좋다고 대답한다. 하지만 이성계는 어찌 망한 나라의 터를 쓰겠느냐며 고개를 젓는다. 찜찜한 것은 둘째 치고 자칫 민심을 자극할 수 있다고 여긴 듯하다. 곁에 있던 남은이 고려의 궁궐을 허물고 그 자리에 종묘를 세우자고 건의하지만 묵살당한다.

결국 좋은 땅을 찾지 못했는지 다음 달인 10월에 태묘 조성 도감을 설치하고 고려의 종묘를 허물고 그 자리에 새로운 종묘를 세우기로 한다. 하지만 그 공사는 곧 중단되는데, 바로 도읍 이전 문제가 불거졌기 때문이다.

엎치락 뒤치락 우여곡절 끝에 한양이 새로운 도읍지로 결정되면서 종묘도 개성 대신 이곳에 지어졌다. 이제 종묘에 들어왔으니 망묘루와 향대청을 보고 난 후 정전으로 발걸음을 옮겨보자.

정전

정전 내부

영녕전

정전을 처음 본 사람들은 하나 같이 입을 다물지 못한다. 지금껏 한옥이 작다고 얘기한 사람들도 이곳에서 정전을 보게 되면 더는 그런 말을 입에 담지 못한다. 그럴 수밖에 없는 것이 정전의 길이가 백 미터가 넘고, 그 앞에 어마어마하게 큰 월대가 있기 때문이다. 웬만한 카메라로는 전체를 담을 수조차 없을 정도로 크고 넓다.

압도적이라는 말이 어울릴 법한 정전은 조선의 지나온 역사가 고스란히 담겨있다. 정전 가운데로 검은색 돌로 포장된 신로가 지나가는데 혼령이 지나간다는 의미를 지닌다.

정전은 긴 일자형에 양쪽 끝에 직각으로 꺾인 월랑이 붙어있는 형태다. 특히 맑은 날에 가면 푸른 하늘과 맞닿은 정전의 지붕을 볼 수 있는데, 보면 볼수록 한옥의 지붕이 하늘과 잘 어울린다는 사실을 느낀다.

사실 종묘가 처음부터 이렇게 크게 지어진 것은 아니다. 1395년 완성되었을 때는 7칸에 불과했다. 새 왕조라서 모셔야 할 신주가 적었기 때문이다. 하지만 태조와 정종이 잇따라 승하하면서 종묘가 꽉 차기 시작했다. 태조 이성계의 조상인 목조와 도조, 익조와 환조의 신위가 이미 모셔져 있었기 때문이다. 그래서 정전의 서쪽에 별묘인 영녕전을 짓게 되었다.

그러나 임금들이 계속 승하하면서 영녕전마저 꽉 차버렸다. 결국 명종 때 정전을 증축한다. 서쪽은 그대로 놔두고 동쪽으로 늘려나가면서 차츰 길이가 늘어났다. 동쪽 마지막 19번째 칸에는 조선의 마지막 임금인 순종의 위패가 모셔져 있다. 배향공신으로 이완용의 위패도 같이 있다가 광복 이후 쫓겨났다.

앞서 말한 것처럼 종묘는 죽은 임금의 혼령을 위해 존재하는 곳으로 살아있는 사람을 위한 공간은 존재하지 않는다. 그래서 종묘 안에는 전각들이 적은 반면, 후원은 잘 남아있다. 고즈넉하게 걷기에는 더없이 좋은 곳이다.

안타깝게도 지금 우리가 보고 있는 종묘는 처음 지어진 건물이 아니다. 최초의 종묘는 임진왜란 때 한양을 점령한 일본군이 불태워버리면서 모두 사라지고 말았다. 우리가 보고 있는 종묘는 전쟁이 끝나고 선조가 재건을 시작해 광해군 때 마무리된 것이다. 당시 궁궐이 모두 불타서 월산대군의 사저를 임시 궁궐인 행궁으로 삼아 지낼 정도로 사정이 안 좋았지만 종묘는 조선을 상징했기 때문에 하루빨리 짓지 않으면 안 됐다. 여하튼 중간에 없어졌다가 새로 지었다고 해도, 이 종묘 또한 400년의 세월을 버틴 조선의 상징이라는 점은 바뀌지 않는다.

정전을 보고 난 후 영녕전을 보면 감동이 덜하다. 규모가 작은 편은 아니지만 정전보다는 작기 때문이다. 아울러 모셔진 주인공의 면면이 정종이나 문종같이 오래 재위하지 못하거나 단종처럼 노산군으로 오랫동안 불렸다가 나중에 추증된 임금들이기 때문이다.

영녕전은 특이하게 가운데 지붕이 살짝 높은데, 이 아래에 드라마 〈육룡이 나르샤〉에 나오는 목조와 도조, 익조, 환조 같은 조선 왕실의 조상이 있고, 동쪽 마지막 칸에 의민태자라는 시호가 붙은 영친왕과 그의 아내 이방자가 모셔져 있다.

이렇게 정전과 영녕전을 둘러보고 난 뒤에는 뒷길을 돌아보기를 권한다. 약간 오르막인 이 길은 제한 관람일 경우에는 돌아보는 코스가 아니고, 자유 관람의 경우에도 사람들의 발길이 잘 닿지 않는 곳이다. 고즈넉한 곳이라 평일은 물론 휴일에도 오가는 사람들이 많지 않다. 나는 종종 이곳을 한국의 센트럴 파크라고 이야기한다. 뉴욕 도심 한복판에 있는 거대한 공원인 센트럴 파크처럼 종묘 역시 도심인 종로 한복판에서 자연을 담고 있기 때문이다.

수많은 나무와 풀들이 뿜어내는 싱그러움은 이곳이 시끌벅적하고 인구밀도가 높은 도심 한복판이라는 사실을 잊게 한다. 심지어는 너구리와도 만날 수 있다. 따뜻한 어느 봄날, 정전을 둘러보고 영녕전으로 가기 위해 월대의 모서리를 돌아가는데 담장 앞에 덩치 큰 강아지 한 마리가 쪼그려 앉아있는 걸 봤다. 처음에는 그런가 보다 하고 넘어갔는데 생각해보니 이곳은 애완동물 출입이 금지되어있다. 놀라서 다시 보는데 강아지가 인기척을 느끼고 고개를 돌린다. 눈과 코가 이상하게 생겼다. 다시 자세히 보니 너구리였다. 라면 포장지에서나 많이 봤지 실물을 본 건 처음이라 약간 당황스러웠다. 반면 따뜻한 햇볕을 쬐기 위해 밖으로 나온 너구리는 이런 상황을 많이 겪었는지 너구리 처음 보느냐는 한심한 눈길을 던지고는 개구멍 속으로 뒤뚱뒤뚱 사라져 버렸다.

### ❀ 상처를 입다

조선 시대 종묘는 궁궐보다 더 귀중한 공간이었다. 하지만 조선의 쇠락과 더불어 한없이 위상이 추락한다.

구한말 조선 백성의 저항을 줄이기 위해 일본은 이씨 왕가를 왕공족에 편입시키면서 종묘는 그대로 두었다. 하지만 국가와 왕실을 상징했던 장소에서 단지 이씨 왕실의 조상을 모시는 공간으로 전락하고 만다.

1920년 6월 18일자 동아일보에 흥미로운 기사가 하나 실린다. 흥선대원군 이하응의 형인 흥인군 이최응의 손자 이지용 백작의 곤궁한 사정을 소개한 것이다.

을사늑약 체결 당시 내부대신이었던 그는 적극적으로 일본과의 조약에 찬성하면서 나라를 팔아넘기는 데 한몫했다. 이후 그는 조선총독부로부터 백작의 작위를 받고 중추원 고문에 임명된다. 막대한 포상금과 연금이 주어진 것은 말할 나위가 없다. 하지만 도박에 빠지는 바람에 재산을 다 날리고 종묘 앞 두 칸짜리 작은 사글세 집에 살고 있는데 월세를 낼 돈조차 없었다고 기사는 전한다. 왕실의 사무를 관장하는 이왕직에서 생활을 보조해줄 방법을 찾고 있지만 여의치 않다는 소식과 더불어 여덟 살 된 손녀의 재롱을 위안으로 삼고 있다고 덧붙였다.

이지용의 곤궁함을 설명하는 글귀에는 통쾌함도 감춰져 있지만, 종묘의 쇠락을 상징적으로 보여주고 있다. 조선 시대라면 신성한 종묘 근처에 사글세 집이 들어설 리 없기 때문이다.

1924년 4월 13일자 동아일보의 〈횡설수설〉 코너에서도 왕실과 귀족의 쇠락을 상징하는 공간으로서의 종묘가 등장한다. 종묘에 도둑이 들어서 이왕 전하가 크게 슬퍼하는 와중에, 책임자인 이왕직 차관과 예식과장은 유유히 골프만 치고 다닌다면서 범인은 아마도 효창원에 있는 모양이라고 비꼰 기사가 그것이다. 조선 시대 같았으면 목이 달아났을 법한 일이었겠지만, 종묘에 도둑이 들어도 별다르게 신경 쓰지 않아도 되는 일이 되어버렸다.

조선의 정궁이자 법궁은 경복궁이지만 임금이 가장 많이 머물던 곳은 창덕궁이다. 조선의 마지막 임금인 순종이 나라를 일본에 넘기고 머문 곳도 바로 이곳이다. 그래서인지 창덕궁의 정전인 인정전 용마루에는 대한제국 상징인 오얏꽃이 박혀 있다.

사라져가는 것만큼 비정한 것은 없다는 말처럼 궁궐보다 중시되던 종묘는 이후에 찬밥 신세가 된다. 그래도 종묘를 가로질러 도로를 놓기로 한 일본의 계획이 백지화된 것은 그나마 종묘가 가지는 상징성 때문이었다.

원래 종묘는 창경궁·창덕궁과 연결되어있었지만 총독부가 중간에 도로를 놓으면서 끊기고 말았다. 이곳에 도로를 놓는다는 얘기는 순종이 살아있을 때인 1922년부터 진행되었다.

1926년 5월 28일자 동아일보에는 일본이 야심 차게 추진한 북부횡단도로계획에 관한 기사가 나온다. 총독부가 새로 지어진 경복궁 앞에서 안국동 별궁을 끼고 창덕궁 앞을 지나가는 도로를 놓기로 한 것이다. 총독부에서 지금의 대학로에 있는 총독부 의원과 공업고등학교까지 일직선으로 이어지는 신작로를 낼 계획을 세운 것인데, 그러기 위해서는 창경궁이나 종묘를 가로질러 가야만 한다고 했다.

총독부는 그 문제를 놓고 창덕궁 측과 교섭을 벌였지만 성과가 없었다며 일단 안동별궁부터 창덕궁 앞까지 도로를 놓기로 결정했다. 그러면서 종묘를 이전하거나, 혹은 후원 쪽을 관통해서 도로를 놓아야 한다는 주장이 제기된다고 보도했다. 그리고 말미에는 이왕가 차관의 인터뷰를 실었는데 총독부와 교섭 중이지만 종묘의 상징성을 고려해 고민하고 있다는 답변을 실었다.

총독부 토목부에서 실측을 위해 종묘에 말뚝을 박자 순종은 펄쩍 뛰면서 차라리 창덕궁으로 길을 내라고 얘기한다. 나라 잃은 순종이 할 수 있는 저항은 이 정도가 고작이었다. 그나마 순종이 승하하자 곧바로 공사에 착수한다. 민족정기를 끊는다는 비난 속에서도 북부횡단도로는 결국 1931년 개통되었다. 창경궁 · 창덕궁과 종묘는 도로를 사이에 두고 헤어지고 말았다.

광복된 이후 이 도로는 율곡로라는 이름이 붙었다. 율곡 이이 선생이 창경궁 · 창덕궁과 종묘를 단절시켜버린 도로에 자신의 이름이 쓰였다는 사실을 알면 아마 무덤에서 벌떡 일어나지 않을까 싶다.

1986년 단절된 창경궁과 종묘를 연결하려는 계획이 추진되었지만 2년 만에 백지화되었다. 이후 2008년에 이 지역의 도로를 지하터널로 만들고 창경궁과 종묘를 연결한다는 계획이 문화재청에 의해 승인되었다. 현재 공사가 막바지 단계에 접어들었으므로 조만간 헤어졌던 창경궁 · 창덕궁과 종묘는 다시 만날 것으로 보인다.

종묘는 해방 이후에도 한동안 외면의 대상이었다. 그러다가 1988년 서울올림픽을 개최하게 되자 시내 한복판이라는 이유로 정비 대상이 되었다. 종묘 앞 공원도 이때 조성되었다.

종묘의 탄생과 쇠락, 그리고 재정비가 되는 과정은 조선의 멸망과 광복, 대한민국의 탄생을 상징적으로 보여준다. 중간에 도로를 놓을 정도로 훼손되었다가 광복 이후 역사적 가치를 인정받아 잘 정비된 끝에 오늘날에 이른 종묘. 한때 명맥이 끊겼던 종묘제례는 일 년에 두 차례씩 지내지만 권위는 사라지고 조선을 상징하는 행사이자 전통으로만 남았다. 아울러 임금과 세자, 그리고 소수의 관리만 들어갈 수 있었던 이곳은 현재 입장

권만 내면 아무나 들어갈 수 있게 되었다. 왕실은 사라지고 역사만 오롯이 담긴 셈이다.

종묘는 평일에는 제한 관람이기 때문에 시간에 맞춰 가야 하지만, 매주 토요일과 문화의 날인 매달 마지막 주 수요일은 자유 관람이 가능하다. 처음 갈 때는 평일이나 일요일의 제한 관람을 추천한다. 해설사의 안내를 받을 수 있어 종묘에 대해 알 수 있기 때문이다.

그렇게 몇 번 다녀보고 난 후에는 자유 관람을 해보는 것이 좋다. 제한 관람 때 갈 수 없는 종묘의 뒷길을 가볼 수도 있고, 그곳에서 협곡의 산들바람처럼 잘 보이지는 않지만 뿌리 깊은 역사를 만날 수 있기 때문이다.

종묘를 한 바퀴 돌아보고 외대문으로 나오면 담장을 따라 오른편으로 발걸음을 돌려보자. 종묘에 왔다면 반드시 들려야 할 곳이 있다.

## 종묘의 담장을 따라 걷다 보면

이곳을 바라보고 있노라면 영화 〈레옹〉의 주제가인 'Shape of my heart'가 떠오른다. 아르헨티나 출신 기타리스트 도미닉 밀러Dominic Miller의 기타 연주가 일품인 이 음악은 인생을 카드에 비유한 것으로 잘 알려져 있다. 유튜브에서 검색하면 아하!

하고 무릎을 칠 정도로 익숙한 음악이다.

이 음악과 이번에 소개할 서순라길, 개인적으로는 '종묘 옆길'이라고 부르는 이 골목길이 맞닿은 이유는 'Shape of my heart'가 인생을 얘기한 것처럼 이 골목길 또한 지나간 역사를 이야기하고 있기 때문이다. 서순라길은 창덕궁의 남쪽 종묘 옆에 난 골목길로 권농동과 봉익동을 끼고 있다. 서순라길로 불리는 이유도 종묘의 서쪽길이기 때문이다. 당연한 얘기지만 동순라길도 있다. 세상의 모든 골목길이 특별한 곳이고 나름의 사연이 있는 곳이지만 이 길 역시 독특한 사연이 있다.

이곳이 특별한 첫 번째 이유는 바로 종묘 옆에 있기 때문이다. 그렇지만 내가 이곳을 좋아하는 이유는 종묘라는 휘황찬란한 배경을 두고 있기 때문만은 아니다. 이곳은 예전에도 그렇고 지금도 지나간 세월을 위한 공간이다. 그래서 쇠락하고 쓸쓸한 느낌을 받게 되는데 그 점이 오히려 화려함과 빠름에 지쳐버린 마음을 충전시켜준다. 아주 급속도로 말이다. 종묘를 돌아보고 나면 의식하지 않아도 자연스럽게 서순라길로 발길이 움직이는 이유다.

서순라길이라는 이름에서 알 수 있듯 이 길은 순라군이 다니던 길이었다고 전해진다. 외세에 휘둘린 조선 왕조만큼이나 굴곡진 시간을 보낸 덕분인지 종묘 옆길에 들어서면 쓸쓸함이 더해진다. 보통 이곳에 오려면 종로3가역 11번 출구로 나와서 직진했다가 종묘 광장공원에서 왼쪽으로 접어들거나, 7번 혹은 8번 출구로 나와서 직진하기 마련이다.

하지만 개인적으로는 창덕궁 돈화문 방향에서 가는 길을 더 선호한다. 야트막한 내리막길인 데다가 더 조용하기 때문이다. 창덕궁을 둘러본 후, 창덕궁을 바라보고 오른쪽으로 걷다 보면 오른편에 차 한 대가 겨우 지나갈 수 있는 1차선 차도와 가로수가 심어진 보도블록이 보인다. 만약 가을에 간다면 노란 은행나무잎이 이정표 역할을 해줄 것이다. 이곳에 접어든 다음부터는 길치라고 해도 길을 잃어버릴 일이 없다. 높다란 종묘의 담장을 따라 걷기만 하면 되기 때문이다.

이곳을 처음으로 방문한다면 사람들로 북적이는 종로와 창덕궁에서는 느낄 수 없는 고요함에 놀랄 것이다. 사실 이곳은 한동안 길이 아니었기 때문에 사람들의 뇌리에서 잊혀 있었다. 사실 순라군이 다니는 길이라고는 하지만 원래 궁궐과 종묘는 신성한 공간이며 안전상의 이유로 근처에 집을 짓지 못하게 되어있다. 따라서 길이라기보다는 공간이라고 보는 게 적당하다.

예로부터 권력자들은 누군가 자신을 바라보는 것을 싫어했다. 그래서 궁궐 근처에 민가가 들어서는 것을 금지했다. 궁궐보다 더 귀한 대접을 받는 종묘 역시 마찬가지다. 꼼꼼한 연산군 같은 경우는 경복궁을 내려다볼 수 있는 인왕산의 연굴암과 복세암 같은 사찰과 민가마저 헐어버리고 사람들이 올라가는 것을 금지시킬 정도였다.

서순라길

하지만 조선이 사라지고 한양이 경성으로 변해버린 다음부터는 그런 금기 사항들이 먹혀들 리 없었다. 거기다 경성은 인구가 폭발적으로 늘어나 땅이 부족했고, 종묘 주변의 공간도 어느 틈엔가 슬금슬금 자리를 차지하기 시작했다. 1960년대 봉익동과 종묘 일대를 찍은 흑백 사진을 보면 종묘의 담장을 벽으로 삼은 집도 보인다. 그러다가 1995년 종로구가 이곳을 정비하면서 비로소 서순라길이 탄생했다.

수백 년의 역사를 지닌 것 같은 이 길이 사실은 20여 년 전에 만들어졌다는 사실을 알면 묘한 배신감을 느끼게 된다. 하지만 골목길의 탄생 자체가 도시와 근대의 산물이기 때문에 어쩔 수 없다.

골목길을 만들면서 심어놓은 은행나무에서 노란 은행잎들이 떨어져 서순라길을 꽃길로 포장해줬다. 이곳을 걸으면 자신의 발걸음 소리가 돌담에 부딪혀 메아리치는 소리, 종묘 안에서 지저귀는 새소리를 들을 수 있다. 소음으로 가득한 도심에서는 결코 들을 수 없는 희귀한 소리인데, 이를 종로와 창덕궁이라는 번화가 사이에서 느낄 수 있게 된 것은 전적으로 종묘 덕분이다.

두툼한 돌로 기단을 쌓고 화단을 조성한 뒤쪽에 작은 돌을 쌓아서 올린 종묘의 담장은 위엄이 가득 차 있다. 반면 맞은편에는 뒤죽박죽 지어진 건물들이 자리해 있다. 80년대 지어진 것 같은 2층 주택과 일제강점기 때 만들어진 것이 분명한 낡은 건물이 어깨를 나란히 하고, 예쁘게 리모델링한 카페 옆에는 뜬금없이 난간까지 갖춘 2층 한옥 건물이 들어서 있다. 그나마 2층이나 3층 건물이 대다수라서 종묘의 담장과 눈높이를 맞춘 게 위엄이라고 할 수 있겠다. 그런데 이 옆길, 의외로 신기하고 재미있다. 일반적인 주택가인가 싶었는데 조금 깊숙이 들어가면 드문드문 찾아오는 방문객들을 위한 카페들이 보이기 시작한다. 그리고 뭘 파는지 모르겠지만 선뜻 들어가기 힘든 가게들이 하나둘씩 보인다.

이런 가게들은 서순라길이 주목받기 시작한 최근에 들어선 것들이니까 그렇다 쳐도 중간중간 보이는 공업사들은 문래동을 연상케 한다. 간판도 없이 셔터가 내려진 곳도 적지 않다. 거기다 조금 더 들어가면 필름 인화지를 파는 곳부터 과학사라는 간판을 단 상점들이 보이고 상패나 트로피를 만들어주는 상점도 아직 남아있다.

## ❀ 세월과 만날 수 있는 골목

고즈넉한 곳이라고 소개했지만 상점들이 있다 보니 어수선한 편이다. 인도는 차와 오토바이들이 일찌감치 점령했고, 심지어 수건을 널어놓은 곳도 있다. 하지만 그런 어수선함이 오히려 안도감을 준다. 급속히 관광지로 변모하는 곳에서는 찾아볼 수 없는 자연스러움이기 때문이다.

골목길의 탄생은 삶의 지독함과 맞닿아 있다. 술에 고주망태가 된 남편에게 악다구니하다 지친 부인이 남은 잔소리를 토해내는 곳이자 월사금이 밀려 학교에 가지 못한 아이가 책가방을 멘 채 배회하는 곳이 바로 골목길이다. 골목길이라고 이름이 붙은 곳은 우리 삶이 버려지고 채워지는 곳이기 때문에 결코 깨끗해서는 안 된다. 서순라길이 나에게 더없이 편하게 다가온 것도 매일의 삶이 이루어지는 현장이기 때문이다. 관광객의 발길에 녹아내린 골목길이 서글퍼 보이는 것은 더는 사람들의 사연을 엿볼 수 없기 때문이다.

골목길 중간쯤에는 검은색 벽돌로 지은 서울 주얼리 지원센터가 있고, 이곳을 기점으로 아래쪽에 음식점과 귀금속을 파는 상점들이 자리해 있다. 이곳은 한때 전국 귀금속 물량의 60퍼센트가 유통되던 종로 귀금속 상가와 맞닿아 있다. 지금이야 강남이 대세이고 홍대와 마포를 비롯한 번화가들이 여러 곳에 생겼지만 1990년대까지는 종로가 유일한 번화가였다. 조선 시대부터 한양의 유통망을 장악한 데다가 교통도 편리했기 때문이다.

종로3가 일대는 그중에서도 귀금속과 시계를 판매하는 곳으로 명성을 떨쳤다. 신문 기사를 통해 확인해보면 대략 60년대 무렵 시계를 판매하거나 수리하는 곳이 생겨나기 시작했다. 지금과는 달리 이때의 시계는 고가품이었기 때문에 취급하는 곳이 많지 않았다. 때문에 이곳은 자연스럽게 시계 전문 상점이 밀집한 곳으로 이름을 떨쳤다. 그러다가 80년대 들어서면서 귀금속 상점들이 차츰 들어섰다. 경제가 발전하고 살림살이가 나아지면서 시계 외에 금반지 같은 귀금속들을 혼수품으로 찾기 시작한 것이다. 그러면서 상당수의 시계 상점들이 귀금속 상점으로 변신했는데 지금은 사라져버린 단성사 근처가 그러하다.

한때 이 일대는 귀금속의 메카였다. 지금도 큰길에는 귀금속 상점들이 영업을 하고 있다. 그리고 큰길 뒤편에는 귀금속 상점에 물건을 가공해서 납품해주는 도매업체들이 자리해 있다.

1996년 매일경제 기사에 의하면 각종 보석을 취급하는 약 600여 개의 업체가 활발하게 영업 중이었고 지금도 꽤 많은 업체가 남아있다. 그 기사에는 서순라길의 상패와 트로피 제작업체의 기원을 알 수 있는 내용도 들어있다. 70년대 봉익동 일대는 상패나 트로피를 만들어주는 점포가 밀집해 있었는데 80년대 접어들면서 차츰 귀금속을 가공하는 곳으로 탈바꿈했다는 것이다. 상패나 트로피도 기계로 정밀하게 깎고 다듬어야 하는 거라 귀금속도 다룰 수 있었고, 이쪽이 마진이 더 많이 남았기 때문이란다. 그러니까 지금 남아있는 상패와 트로피 상점들은 변신을 하지 않고 명맥을 유지한 곳인 셈이다.

귀금속만큼은 아니지만 종로3가 상점가들이 많이 취급했던 것이 바로 카메라다. 지금이야 스마트폰과 경쟁하는 신세지만 1980~90년대 카메라는 매우 고가품이었다. 다만 이 일대가 귀금속을 꽉 잡았다면 카메라는 용산이나 청계천, 세운상가라는 거물들과 상대해야 했기 때문에 상대적으로 눈에 띄지 못했다.

원래 카메라를 주로 취급한 곳은 길 건너편 광장시장 인근의 예지동이었다. 하지만 얼마 지나지 않아 고객과 직접 상대할 필요가 없는 수리점이나 인화지를 판매하는 업체들이 임대료가 싼 봉익동으로 넘어왔다.

시대가 변하면서 카메라는 더 이상 고가품이 아니라 소수의 마니아를 위한 취미용품이 되었고, 카메라 상점들도 하나둘씩 문을 닫았다. 그리고 이제 서순라길에서 그 마지막 흔적을 찾아볼 수 있다.

이런 사연들을 알고 길을 걸으면 서순라길 역시 끊임없이 현재와 과거와 미래가 공존하고 있음을 느끼게 된다. 골목길은 그냥 시간이 머무는 죽은 공간이 아니었다.

남쪽으로 계속 내려오다 보면 어느 순간 낙원상가 방향으로 이어지는 새 골목길과 만나게 된다. 돈화문로10길이다. 그러면서 골목길의 풍경도 변한다. 보석상점과 음식점이 빼곡하게 자리 잡고 있는 것을 볼 때, 이곳까지는 사람의 발걸음이 적잖이 오간다는 것을 알 수 있다. 차들이 세워져 있는 종묘의 담장을 계속 따라가다 보면 길이 다시 갈라진다. 한쪽은 종묘의 외대문이 있는 곳이고 다른 한 곳은 세상, 혹은 종로로 나아가는 길이다.

종로로 나가는 골목길에는 이발소와 음식점들이 자리 잡고 있다. 그런데 가만 보면 가격표들이 이상하다. 이발소는 커트가 3,500원에 염색이 5,000원이다. 그 옆 가게에서는 잔술을 팔고 있다. 도심 한복판이라고는 믿기지 않을 만큼 싼 가격의 비밀은 이곳을 드나드는 손님에게서 찾아볼 수 있었다. 다들 노인이다. 오갈 데 없이 탑골공원에 머물러 있다가 쫓겨난 노인들은 종묘공원으로 피신을 와야만 했다. 인생의 황금기를 장식할 귀금속 상점 옆에 노인의 가벼운 주머니를 상대하는 허름한 이발소와 음식점이 공존하고 있는 길. 골목길만이 가지는 포용력이라고 해야 할까?

이곳을 지나면 서순라길이라는 골목길은 사라진다. 물론 종로로 나갈 때까지 골목길의 명칭은 서순라길이지만 앞서 보아왔던 골목길 특유의 고즈넉함은 화려한 귀금속 상점의 간판 뒤로 사라져버린다. 종로 방향이 아니라 창덕궁 방향에서 서순라길을 봐야 한다고 하는 이유도 바로 이 때문이다. 고즈넉함에서 시작해서 시끄러움으로 들어가야만 골목길의 본질을 깨달을 수 있다. 그렇지 않으면 소음이 사라진 신기한 공간으로만 기억될 뿐이다.

종로로 나와 시끄럽고 번화한 서울과 마주치게 되면, 서순라길 탐방은 막을 내린다. 하지만 서순라길에 대해서 기억해야 할 것이 한 가지 더 있다.

## ❀ 잊힌 이름, 종삼

지금의 종묘와 귀금속과 카메라 상점, 상패와 트로피를 파는 신기한 골목길이 만들어지기 이전, 그러니까 60년대 후반까지 이곳은 한반도 최대의 사창가였다. 언제부터 사창가가 조성되었는지는 알 수 없다. 하지만 일제강점기에 자리 잡기 시작했던 사창가가 광복과 한국전쟁을 거치면서 번창한 것으로 보인다.

종로2가부터 3가에 걸쳐 종묘 앞까지 1킬로미터에 이르는 엄청난 규모를 자랑하는 이곳은 미아리 텍사스나 청량리 588처럼 '종삼'이라는 이름으로 불렸다. 좁은 골목길이 많아서 자리를 잡기 좋았고, 서울 최대의 번화가인 종로 바로 옆이었으니 손님을 걱정할 필요도 없었다. 아가씨들은 서울역에서 얼마든지 구할 수 있었다. 옷 보따리 하나 들고 무작정 상경한 아가씨들은 취직을 시켜주겠다는 서울 청년의 꾐에 빠져 이곳으로 흘러들어왔다. 한국전쟁을 거쳐 1960년대까지 종삼은 시골 아가씨들을 거머리처럼 빨아들이면서 성장했다. 시대가 어려우면 가장 약자인 여인에게 비극이 벌어진다.

그러다가 1968년 9월, 세운상가 건설 현장을 둘러보던 김현옥 서울시장에게 종삼의 아가씨가 호객을 하게 되면서 이곳은 막을 내린다. 불도저 시장으로 명성을 떨치던 김현옥 시장은 자랑스러운 서울 한복판에 거대한 사창가가 자리 잡고 있다는 사실을 견디지 못했다. 그래서 종로구청에 지시해서 이곳을 없애도록 했다. 나비작전이라는 명칭이 붙은 이 작전은 매우 성공적으로 진행되어 불과 일주일 만에 종삼은 사라졌고, 이곳 아가씨들은 미아리 텍사스나 천호동으로 자리를 옮겼다. 종삼과 아가씨들이 사라진 거리에는 귀금속과 카메라, 시계를 파는 상점들이 들어섰다.

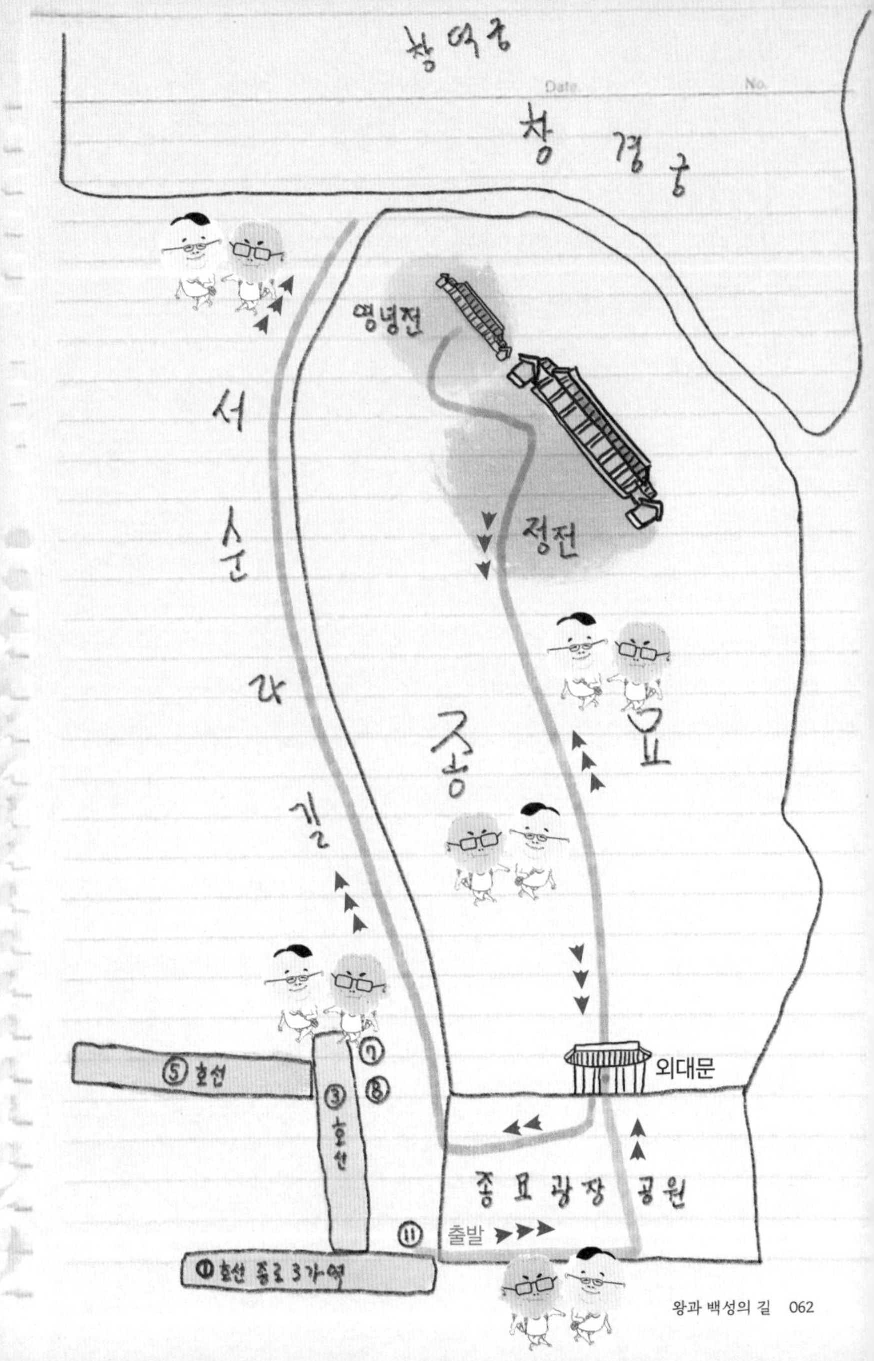
창덕궁
Date.
No.
창경궁
영녕전
정전
서순라길
종묘
외대문
⑤ 호선
③ 호선
⑦
⑧
⑪
출발
종묘광장 공원
① 호선 종로 3가역

### ❀ 이곳으로 가는 길

지하철 1호선 종로3가역 11번 출구로 나와서 직진을 하면 왼쪽에 종묘광장 공원이 나온다. 같은 역 8번 출구로 나와서 직진해도 종묘의 외대문으로 갈 수 있다.

종묘를 돌아보고 외대문으로 나와서 종묘 담장을 따라 낙원상가 방향으로 가면 서순라길이 나온다. 그냥 종묘의 담장을 따라가다 보면 골목길이 나오는데 그 길로 들어서면 된다. 서순라길을 따라 쭉 올라가면 율곡로가 나오고 왼쪽에 창덕궁이 있는 돈화문 삼거리가 나온다.

### ❀ 근처에 가볼 만한 곳

종묘와 서순라길을 돌아보고 시간이 남는다면 근처에 있는 익선동을 가볼 것을 권한다. 최근 핫플레이스로 떠오른 익선동은 가농 정세권이 지은 근대 도시형 한옥들이 고스란히 남아있어 옛 정취를 흠뻑 느낄 수 있다.

한옥에 어울릴 법한 독특하고 아기자기한 가게들이 들어서면서 주말이 되면 걷기 힘들 정도로 사람이 많은 곳이 되어버렸지만 양 옆에 한옥이 있는 골목길은 도심지에서는 찾아보기 어려운 곳이다.

골목길을 걷다 보면 이곳의 탄생에 중요한 역할을 했던 가농 정세권의 벽화도 찾아볼 수 있다. 서순라길을 따라가면 덕수궁이 나오는데 맞은편에 있는 돈화문 국악당에서 종종 공연이 열리므로 확인해보는 것도 좋겠다.

두번째 산책

# 대한제국을 걷다

덕수궁과 정동

## 드래곤과 장미의 정원

성공회 성당을 처음 보고 어떤 이유에선지 용이 떠올랐다. 그러니까 예쁘고 고즈넉한 건물에서 커다란 서양의 드래곤을 본 것이다.

요즘 현대식 건축물에 비하면 고즈넉한 느낌이지만 백여 년 전 저 건물을 봤다면 개화가 빠른 '모던보이'들조차 충격이지 않았을까?

좋은 계절엔 장미가 아름답다며 즐거운 생각을 하는 정 작가 옆에서 나는 불손하게도 제국주의 시대의 성당을 떠올렸다. 봄에 장미가 아름다우면 이곳을 다시 찾아야겠다. 격변의 시절 용의 화염 같은 제국주의 열기가 아닌, 붉은 꽃 고즈넉한 정원 속으로.

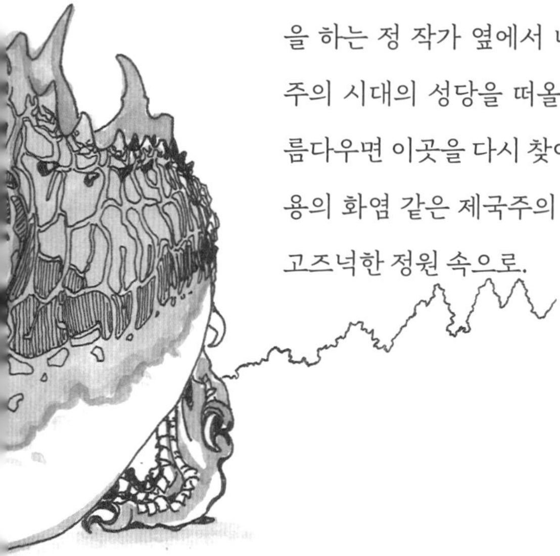

## 성공회 성당 가는 길

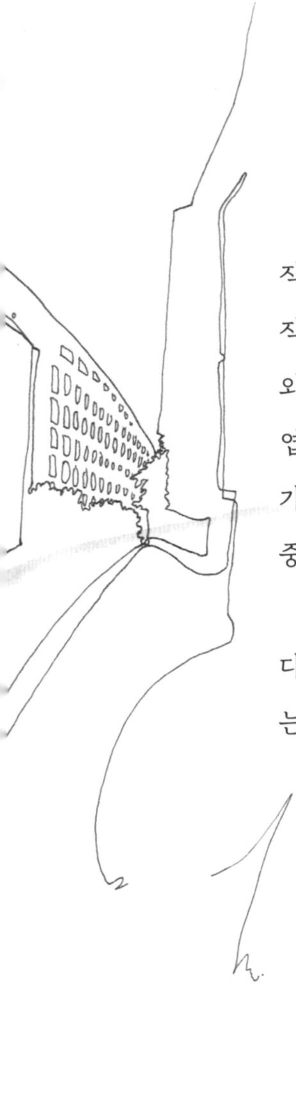

익숙한 길로 다니길 좋아하는 내게 서울은 아직도 생소하다. 어떤 이들은 마흔에 세계도 움직인다는데, 마흔이 넘어 내가 살아온 서울을 외국인처럼 볼 생각에 들떠 하는 것은 조금 귀엽기도 한 일이다. 편집 회의 때 들어보니 우리가 갈 여정은 부끄러움도 있는 역사, 조금은 진중한 마음으로 지난했던 긴 시간을 그려내야지.

앙상한 가로수와 기다란 길의 유연함이 가볍다. 정갈하고 조용한 성공회 성당 가는 길이 나는 마음에 든다.

성당과 사제관

나는 강남 테헤란로보다 이제는 많이 사라진 달동네 그리기를 좋아한다. 거리는 건축물의 크기나 모양과 상관없이 재료의 통일성이 있을 때 아름답다는 개인적 소신 때문이다.

그런데 여기 이웃한 서양식 성당과 한옥의 사제관 앞에서 내 얕은 소신이 맥없이 무너진다.

서로 다른 두 건물이 잘 어울리는 모양이 되는 데는 백 년이면 충분했구나. 나는 소신을 잃은 사람치곤 매우 여유롭게 어색하지 않은 두 건물의 다정함을 즐겼다.

소신이야 유연하게 바뀔 수도 있지. 적어도 산책 중이라면 말이다. 산책은 그래야 하고 이곳 건물은 그런 산책을 즐길 만큼 다정한 모양이다.

## 다른 차원의 세상은 바로 옆에 있다

공간이나 물건 같은 것을 볼 때, 보는 각도를 달리하면 전혀 다른 형상으로 보임에도 불구하고 아무런 불편 없이 동일한 공간과 물건으로 인식되는 건 신기한 일이다.

나는 어릴 적부터 이런 신기함에 대해 골몰히 생각했다. 급기야 형태가 바뀌어도 공간을 분별할 수 있는 눈이라면 다른 세상도 볼 수 있으리

란 결론을 내렸다. 그런 이유로 나는 혼자 구석진 곳에 있는 시간이 많았다. 달팽이가 많던 시영 아파트 1층 발코니 밑이나 다리 밑 물웅덩이 같은 곳을 주로 탐험하면서 다른 차원으로 가는 연결 통로를 찾으려 노력했던 것이다.

소년이니 마음껏 즐겼던 작은 모험, 마흔이 넘은 나는 멋진 기와로 길게 이어진 사제관 배수로 끝에서 다른 세계를 부끄럽게 쳐다봤다. 다른 세계는 어떤 긴 통로를 지나야만 있는 게 아니다. 유심히 보지 않았을 뿐 매일 보는 것들에도 새로운 시각이 분명히 존재한다. 말도 안 되지만 예쁜 기와로 된 배수로에 하얀 모래가 물처럼 흐르고 그 위를 죽은 잎, 하얀 눈이 바람처럼 날리는 곳은 마흔이 넘어서도 바로 옆에 있다.

## 성공회 성당 사제관

성공회 성당 답사를 마무리할 무렵 사제관에 다시 한 번 들렀다. 그림은 느낌으로 그리는 것인데 성당 안밖의 화려하고 고급스런 장식들은 무슨 일인지 펜이 가질 않았다. 나는 그저 수수하고 흙냄새 나는 이 조용한 건물에 마음이 쓰였다. 사제관을 그리며 내심 오가는 사제들을 볼 수 있길 바랐는데 그림은 생각보다 빨리 그려졌다. 이렇게 그려진 그림에 흙냄새가 나지 않는다면 그림 안에 사제의 모습을 넣지 못한 탓으로 해야지. 나는 그림이 잘 안 됐는지 괜한 핑계를 생각했다. 성당엔 예쁘고 멋진 곳이 많은데 이토록 편파적인 그림이라니. 공평한 서술은 정 작가에게 맡기고 나는 느낌을 핑계 삼아 자유롭게 작업했다.

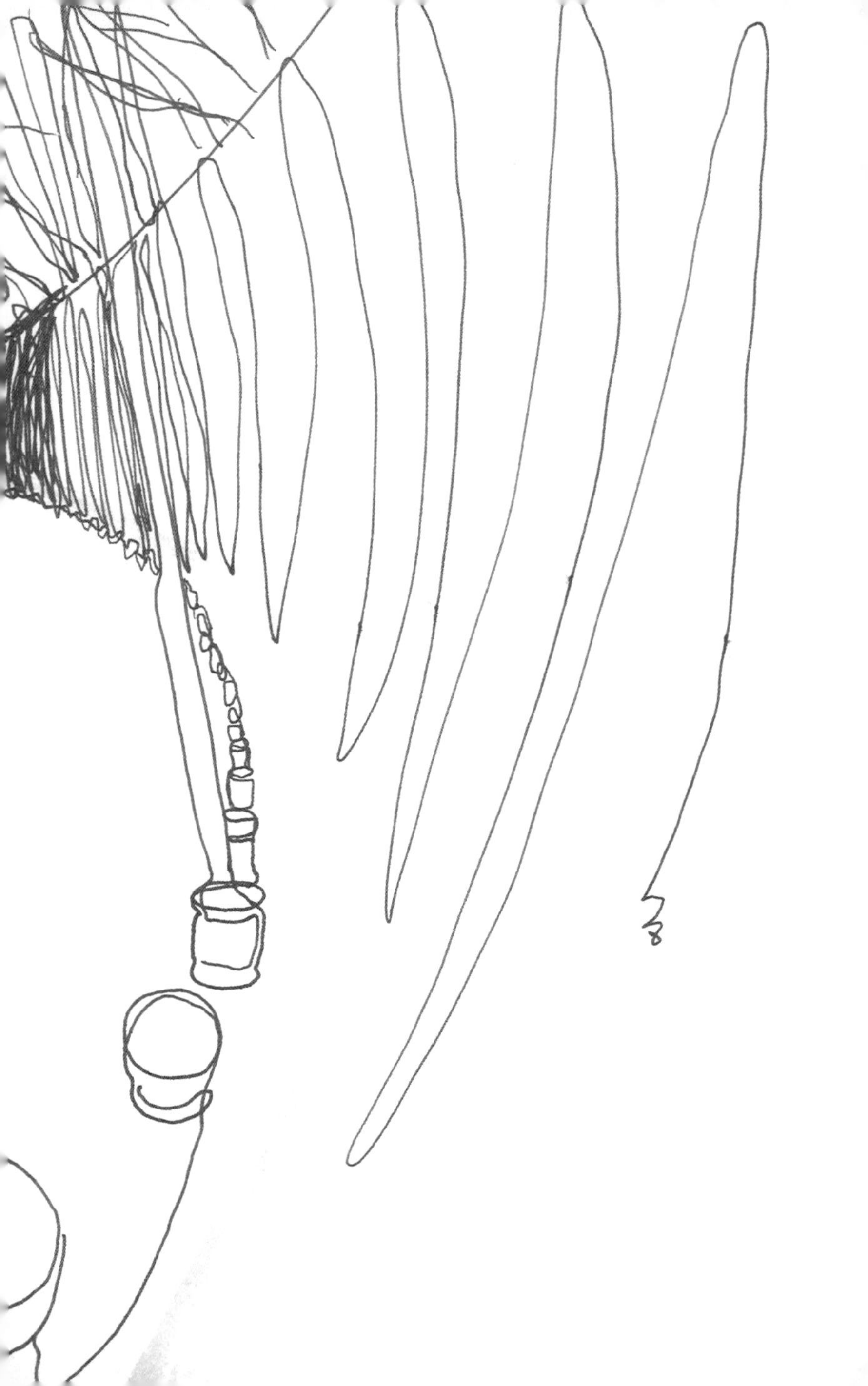

## 덕수궁 돌담길을 함께 걸었지만

지금도 그럴까? 나는 벌써 웬만큼 오래된 사람이 되어서인지, 내가 청춘일 때의 문화나 일들이 지금도 그런지 궁금할 때가 있다. 성당을 나와서 물 흐르듯 걸어온 곳은 그 유명한 덕수궁 돌담길. 내가 젊을 때 사람들은 연인이 이곳을 걸으면 이별을 한다고들 했었다. 아마도 시샘이 만든 말이겠지만.

언젠가 '브루델'의 조각을 보러 아내와 서울시립미술관에 온 적이 있었다. 지독한 길치인 나는 여기가 그 길인지 알아차리는 데 한참의 시간이 필요했다. 그리고 아무것도 모른 채 아내와 이별의 길을 걸었던 사실을 알게 되는 데는 훨씬 더 긴 시간이 걸렸다. 생각해보면 감사한 일이다. 이별의 길을 걷고도 탈 없이 평온한 일상을 둘이서 공유하고 있으니. 가까운 언젠가 아내와 딸아이와 아무렇지도 않은 이 평온한 길을 걸어야겠다. 평온한 일상을 나누어야겠다.

## 봄은 봄대로 예쁘고 꽃은 꽃대로 예쁜데

정 작가와 함께하는 답사 팀과는 별개로 내가 진행하는 드로잉 팀과 수업을 위해 덕수궁 돌담길을 다시 찾았다. 그릴 곳을 찾아 조금 걸으니 이화여고가 나왔고 그곳이 모교인 학생이 정동길은 언제나 예쁘다 하여 난 이렇게 예쁜 길이라면 이름이 두 개여도 괜찮겠다는 생각을 해버렸다. 수강생들 실습시키고 보슬보슬 봄이 내리는

거리를 즐겼다. 걷는 걸음마다 봄이고 봄이어서 비가 내려도 즐거운 노랑인데 작가라는 자가 노트에 펜 하나 들고 그릴 곳을 굳이 찾아다니는 건 부끄러운 일이다. 언젠가 얕은 재주에 취해 치기 어린 생각을 했었는데 그림을 그리고 아이를 키우고 일상을 이어가다 보니 부끄러움이 많아진다. 봄은 봄대로 꽃은 꽃대로 예쁜데, 어쩌면 굳이 이 길을 그리려 함이 의미 없는 일일 수도 있겠다는 생각을 했다.

## 덕수궁

일러스트 작업이야 원하는 내용에 맞추어 얼마든지 예쁘게 혹은 웅장하게 그려줄 수 있지만 이번 책은 처음 기획을 할 때부터 글에 대한 일러스트가 아닌 공저, 즉 내 작품을 그려야 하는 작업이기에 나는 내가 느낀 감정을 가감 없이 그리기로 했다. 그런 이유로 나는 덕수궁을 대하는 마음이 거친 선으로 조악하게 그려짐을 굳이 탓하지 않기로 한다.

정 작가에게 들은 지난했던 역사가 아니더라도 덕수궁의 모양은 충분히 힘든 모양이다. 나는 긴 세월 묵연히 견뎌왔을 덕수궁의 지친 느낌을 예쁜 선으로 외면할 수는 없었다. 덕수궁의 안타까운 모습이 마음에 걸려 혹여나 위안이 될까 어울리지도 않는 용을 그려 넣었다. 괜한 짓임을 알면서도 일면 편안한 마음이 느껴지니 그것으로 됐다.

## 석조전

성공회 성당과 사제관의 모습은 시간에 희석되어 그것이 원래의 모습인 양 조화로웠는데 덕수궁 내에 있는 석조전은 궁과 다른 시간이 흐른 듯 물 위에 기름처럼 겉돌았다. 나는 이 파괴적인 흰 건물의 테라스에 올라 멍하니 덕수궁 정원을 내려다봤다.

석조전 테라스 그늘은 파랗다. 테라스 그늘 밖 봄의 정원은 노랗고 붉다. 불처럼 밀려오는 기운을 힘겹게 견디는 조선을 차갑게 내려다봤을 석조전 파란 돌기둥 안에서 나는 무엇을 그려야 할지 몰라 한참을 어리둥절한 채로 서 있었다.

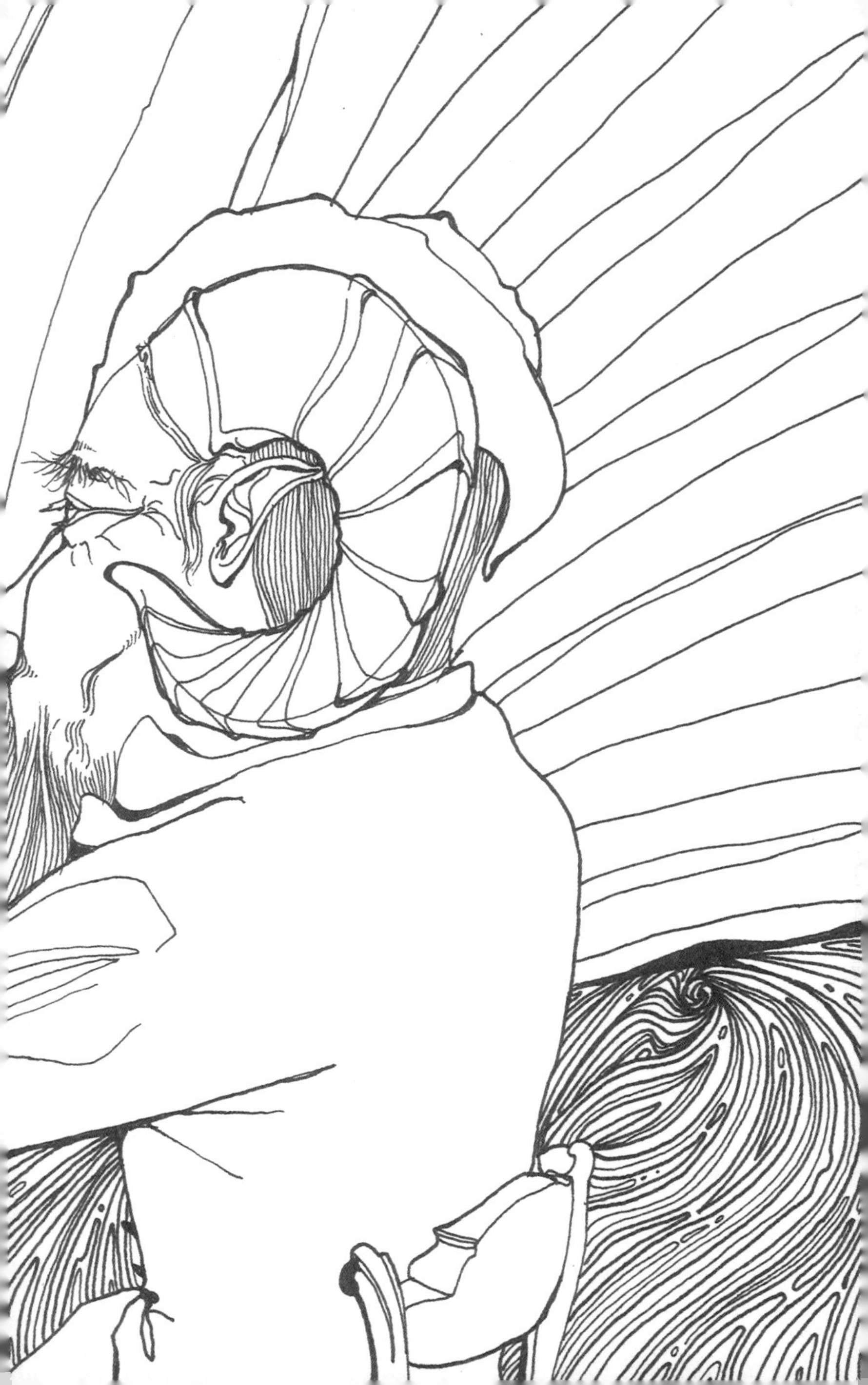

## 을사늑약

어울리지 않는 건물로 짜깁기라도 한 듯 덕수궁은 얼룩덜룩하다. 쇠락한 왕조의 힘겨운 모양인 듯싶어 마음이 아픈 덕수궁. 그리고 그곳엔 가장 시린 중명전이 있다.

시간의 상처같이 남아있는 그곳엔 모든 게 멈춘 것처럼 을사늑약이 진행 중이다. 그 무거운 공기와 시간과 공간은 일그러져 방향을 잃고 급류처럼 빠르게 흐르기만 한다. 쥐, 악귀를 닮은

이 부끄러운 인사들은 자신들이 망쳐버린 시간이 어디로 흐를지 알고는 있었는지, 수많은 의인의 희생에도 우리는 아직 계속해서 정상을 되찾아가야 한다.

중명전에는 정교해서 오히려 불편한 부끄러운 자들의 모형이 있고 그 부끄러운 인사들은 죽음을 인정하지 못하는 유령처럼 아직 우리 가까운 곳에 있다.

### 자신만의 시간은 찬란했던 시간에 멈춰

대한문을 나서자마자 '태극기 집회' 인파로 한 걸음조차 옮기기 힘들었고 몹시 허기졌던 나는 사람들의 구호며 확성기 음악 소리에 순간 아무것도 할 수 없게 됐다.

"우리가 물러나면 모두가 쓰러져 최후의 5분에 승리는 걸렸다. 적군이 두 손 들고 항복할 때까지~"

일행이 발견해줄 때까지 나는 20년도 더 전에 불렀던 군가를 낮게 부르고 있었다. 그리고 부르는 동안 그 시절 향수에 빠져 버렸다. 그 춥고 고단했고 찬란했던 1994년에.

누구나 자신만의 시간을 산다. 자신만의 시간은 가장 찬란했을 그 시간에 머물러 있다. 태극기며 성조기, 십자가 등을 들고나오신 어르신들은 2018년에 1960년대를 살고 계시는 거라 생각한다.

나는 이 집회를 어쩔 수 없는 의례라고 생각하기로 했다. 누구의 편도 들 수 없는 심란함을 마음에 안고 서둘러 자리를 떠났다.

## 어처구니없게도 어처구니 밑에는

찬물 한 잔으로 잃었던 정신을 다시 찾아 비교적 맑은 상태로 음식을 주문했다. 조각 피자와 몇 가지 음식을 시켰는데 손이 많이 가는 듯 나오기까지 오랜 시간이 걸렸다. 기다리며 음식점의 구석구석을 살폈다. 빈티지한 장식들이 있는 이곳의 진짜 볼거리는 뜻밖에도 창밖에 있었다. 높은 빌딩과 일렁이는 집회, 그리고 대한문의 어처구니. 나는 이 어처구니없는 광경을 내려다보는 어처구니를 보며 묘한 기분을 느꼈다. 용암처럼 무겁게 흐르는 집회 인파와 깃발들을 보는 사이 음식들이 나왔다.

바삭한 빵에 달콤한 수프 같은 것이 뜨겁게 담겨 있어 포크로 빵을 허물면 뜨거운 수프가 용암처럼 흐르던 그 음식의 이름을 아직 나는 모른다.

사랑으로

堂

## ❀ 다이내믹 코리아

주말의 덕수궁과 정동은 시끌벅적하다. 근처 광화문 광장과 서울 시청 광장에서 들려오는 소음과 관광객들이 내는 소리가 뒤엉키기 때문이다. 정동 역시 프리마켓이 열리고 버스킹 장소로 이용되면서 들려오는 소리가 늘어났고, 언제부터인지 덕수궁 대한문 앞 광장은 각종 시위 현장이 되어 진짜 시끌벅적해졌다. 실제로 정동 답사를 하던 동료는 이 광경을 보고 '다이내믹 코리아'라는 구호가 떠올랐다고 했다.

시끌벅적한 덕수궁의 대한문 앞 풍경을 보고 있으면 종말의 폭풍이 휘몰아치던 대한제국 시기가 떠오른다. 변화라는 것을 제때 받아들이지 못하면 이후의 운명이 어찌 변하는지, 그리고 그 운명이 사람들을 얼마나 가혹하게 짓누르는지 가장 잘 보여주는 시대. 덕수궁과 정동을 돌아보는 것은 그 시기를 관통한다는 의미이기도 하다. 가장 짧고, 강렬한 직선으로 말이다.

## ❀ 70여 년 만에 완성된 대성당

덕수궁과 정동을 살펴보기 전에 먼저 가봐야 할 곳이 있다. 덕수궁 바로 옆에 있는 대한성공회 서울주교좌성당이다. 흔히 '성공회 성당'이라고 불리는 이곳은 1922년 제3대 주교인 마크 트롤로프에 의해서 공사가 시작된다. 설계는 아더 딕슨이라는 영국인 기사가 맡았는데 안타깝게도 자금 문제와 일본의 방해 등으로 설계도대로 지어지지 못하고 말았다.

그렇게 시간이 흘러서 1990년대 다시 증축을 시도한다. 문제는 그사이 성당이 문화재로 지정되면서 증축이나 개축이 법적으로 불가능해졌다는 것이다. 이 문제는 1992년 영국에서 아더 딕슨이 남긴 설계도가 기적적으로 발견되면서 풀린다. 원래 설계도를 바탕으로 1994년부터 증축 공사가 시작되어 1996년에 마무리된다. 그래서 이 성당의 머릿돌에는 완공연도가 1996년으로 되어있다.

이곳을 제대로 보기 위해서는 조금 돌아가야 한다. 시청역 3번 출구로 나와서 직진을 하다 보면 왼쪽에 세종로 파출소가 나온다. 그 옆 골목길로 올라가면 조선일보 미술관이 나오는데 여기서 다시 길이 내리막으로 바뀐다. 내리막길을 걷다 보면 서양 건물에 파묻혀버린 것 같은 한옥이 한 채 나온다. 대한성공회 소속 성가수녀원의 출입문이다. 여기서 조금 더 내려오면 주황색 기와가 얹힌 대한성공회 서울주교좌성당이 나온다. 국내에서는 유일하게 로마네스크 양식으로 지어진 성당으로 십자가 형태로 지어져서 종교적인 의미를 담았고, 지붕과 스탠드 글라스에 한옥 건축 양식을 접목한 것이 특징이다.

평일 낮에는 일반인에게도 개방하므로 안에 들어가 볼 수 있다. 들어가면 영화나 드라마에서나 볼 법한 중세 성당이 나타나는데, 양쪽 기둥 사이로 황금빛 모자이크 제단화가 보인다. 소박한 외부와는 달리 화려하고 강렬한 느낌이 경건함을 북돋운다. 운이 좋다면 문을 열고 들어갔을 때 웅장한 파이프 오르간 소리도 들을 수 있을 것이다. 2층에 있는 파이프 오르간의 장중한 음률을 들으면서 양쪽 스탠드 글라스를 통해 들어오는 햇살을 느끼다 보면 신을 믿는다는 것이 어떤 의미인지 조금은 이해할 수도 있을 것 같다. 모자이크 제단화 바로 앞 공간은 십자가 형태로 지어진 성당의 중심부다. 개방이 되어있긴 하지만 종교시설이라 조심해서 다녀야 한다.

이곳은 근대뿐만 아니라 현대 대한민국 역사에도 큰 영향을 미쳤다. 바로 1987년 민주화 항쟁이 시작된 곳이기 때문이다. 성당 옆에 있는 사목관 앞에 민주화 항쟁 기념비가 세워져 있

성공회 성당

성공회 성당 내부

다. 사목관은 경복궁의 집옥재처럼 벽돌과 한옥을 결합시킨 건축 양식으로 되어있다.

그 옆에는 덕수궁이 경운궁이었던 시절에 있던 양이재가 있다. 단청이 칠해져 있지는 않지만 우람한 용마루와 정교하게 다듬어진 기둥을 보면 궁궐 건축의 면모를 엿볼 수 있다. 양이재는 원래 경운궁 안에 있었는데 대한성공회 측에서 임대를 해서 사용하다가 매입을 하면서 현재 위치로 옮겼다. 못을 사용하지 않는 한옥의 장점을 십분 활용한 것이다. 현재는 주교관으로 쓰인다.

양이재 옆에 있는 작은 출입문으로 나오면 바로 오른편에 영국 대사관이 있다. 1888년에 지어진 이후 영국 대사관은 한 번도 장소를 옮기지 않았다. 왼쪽 골목길로 나오면 덕수궁 담장과 자연스럽게 만난다. 돌담길을 따라 조금 걷다 보면 오른편에 대한문이라는 현판이 붙은 덕수궁 정문이 나온다. 그 앞에 서서 현판을 바라보고 있으면 절로 한숨이 나온다. 덕수궁의 운명이 우리 민족이 겪은 아픈 역사와 쌍둥이처럼 닮았기 때문이다.

### 비운의 역사를 간직한 덕수궁

사실 덕수궁은 궁궐이 아니라 성종의 형 월산대군의 저택이었다. 눈치가 빠르다면 여기서 이상한 점을 느꼈을 것이다. 조선은 장자에게 왕위가 계승되는 나라였다. 따라서 왕의 형은 원칙적으로 존재할 수가 없다. 하지만 원칙 위에는 꼼수가 있다.

1455년, 조카 단종을 몰아내고 왕위에 오른 세조는 자신의 맏아들을 의경세자로 봉한다. 하지만 의경세자는 1457년에 병을 심하게 앓다가 20세의 나이로 세상을 떠나고 만다. 세자의 자리는 세조의 둘째 아들인 해양대군이 이어받았고, 1468년 왕위에 오르지만 불과 13개월 만에 예종이라는 시호만 남기고 사망했다. 이후 왕위 계승을 놓고 왕실과 대신들의 눈치 싸움이 시작되었다. 원칙대로라면 예종의 아들인 제안대군에게 왕위가 이어져야 하지만 나이가 너무 어렸다.

결국 왕실과 한명회로 대표되는 대신들의 타협 끝에 왕위를 이은 이가 세조의 큰아들 의경세자의 둘째 아들인 자을산군이다. 의경세자야 맏아들이었으니 그렇다 치지만 큰아들인 월산대군을 제치고 둘째인 자을산군이 왕위를 이은 것은 원칙에서 어긋나는 일이다. 그런 원칙을 뛰어넘어 꼼수를 낸 이가 바로 한명회다. 그는 세조의 부인이었던 정희왕후와 타협한 끝에 어린 자을산군에게 왕위를 잇도록 했다. 표면적인 이유는 형인 월산대군보다 똑똑하다는 것이었지만, 이면을 보면 그의 장인이 한명회였다는 점이 가장 크게 작용한 것으로 보인다.

눈앞에서 왕위를 빼앗긴 월산대군은 조용히 자신의 집에 칩거한다. 비록 공신에 책봉되고 노비와 땅을 하사받았지만 목숨은 위태로웠다. 그는 한강이 내려다보이는 언덕 위에 희우정이라는 정자를 짓고 풍류를 즐기는, 혹은 즐기는 척하다가 30대 중반의 나이에 세상을 떠나고 만다. 그가 살던 집이 바로 지금의 덕수궁이다.

월산대군의 집이 덕수궁이 된 연유는 이러하다. 의경세자의 죽음 이후 부인 수빈 한씨는 자식들을 데리고 궁궐을 떠난다. 시동생인 해양대군이 왕세자가 되자 궁궐 안에서 지내기가 거북했던 것으로 보인다. 세조는 과부가 된 며느리와 손자들을 위해 거처를 마련해주었다.

해양대군이 예종으로 즉위하고 오래 지내지 않아 세상을 떠나자 수빈 한씨는 한명회와 손을 잡고 자신의 둘째 아들인 자을산군을 왕위에 올린다. 그리고 대비가 되어서 궁궐로 금의환향한다. 그들이 떠나고 남은 이곳은 동생에게 왕위를 빼앗긴 월산대군의 소유가 되었다.

비운의 종친이 살던 곳으로 남을 뻔한 이곳이 궁궐이 된 것은 임진왜란 때문이다. 부산에 상륙한 뒤 삽시간에 진격해 한양을 점령한 일본군은 조명연합군의 반격으로 철군을 하게 될 위기에 처했다. 그냥 물러나기는 분했던지 일본은 한양에 불을 지르고 남아있던 백성을 학살하고 떠난다. 경복궁은 물론 종묘까지 잿더미가 되는 바람에 한양으로 돌아온 선조는 거처할 곳이 마땅치 않았다. 그나마 지낼 만한 곳이 월산대군의 사저였다. 선조는 급한 대로 이곳을 고쳐서 사용했는데 이 시기에는 지명을 붙여서 '정릉동 행궁'이라고 불렀다. 행궁은 임시로 머문다는 뜻이다. 하지만 갈 만한 곳이 없었기 때문에 선조는 이곳에 눌러앉아야만 했다. 자연스럽게 정릉동 행궁 대신 '경운궁'이라는 정식 이름이 붙었다.

선조가 이곳에서 세상을 떠나고 광해군이 이곳에서 즉위했다. 하지만 광해군은 이곳을 별로 좋아하지 않았는지 수리를 끝낸 창덕궁에 머물면서 경희궁을 새로 지었다. 경운궁은 광해군이 계모인 인목대비를 유폐시키는 데 이용했을 뿐이다. 궁궐이긴 했지만 조선 후기 내내 관심의 대상에서 멀어졌던 경운궁은 한말과 대한제국 시기 화려하게 부활한다. 이번에도 일본 때문이었다.

메이지 유신을 통해 서구화에 성공한 일본이 제일 먼저 노린 것은 임진왜란 때처럼 조선이었다. 운요호 사건을 일으킨 일본은 강화도 조약을 통해 조선에 본격적으로 진출한다.

1894년, 조선의 주도권을 차지하기 위해 청나라와 전쟁을 시작한 일본은 해전과 육상전에서 연이어 승리하고 시모노세키 조약을 맺어 조선에 대한 청나라의 영향력을 배제시키고, 본격적으로 조선을 차지할 야심을 드러낸다. 하지만 일본의 세력 확대가 시베리아로 이어질 것을 우려한 러시아가 독일, 프랑스와 손잡고 삼국 간섭을 시작한다. 세 나라에 맞설 힘이 없던 일본은 눈물을 머금고 물러나야만 했다. 일본의 침략에 전전긍긍하던 고종과 중전 민씨에게 러시아는 그야말로 하늘에서 내려온

동아줄이나 다름없었다.

일본은 자기 것이라 여겼던 조선이 러시아의 품에 안기려고 하는 모습을 눈 뜨고 볼 수 없었다. 결국 1895년 8월, 일단의 괴한들이 경복궁에 나타난다. 경복궁 수비대가 잠시 저항을 하다가 뿔뿔이 흩어졌을 뿐, 궁궐 안으로 침입한 이 괴한들을 막는 이는 찾아볼 수 없었다. 이들은 늙은 여우라는 암호로 불리던 중전 민씨를 찾아 수색에 나섰다. 고종을 배후에서 조종해 친러 정책을 펼친다고 믿었기 때문이다. 경복궁 안에 있는 건청궁 곤녕합에 머물던 중전 민씨는 이들을 피해 도망쳤으나 옥호루에서 목숨을 잃는다.

비록 여러모로 비난을 받긴 했지만 일국의 왕비가 타국의 괴한들에게 살해됐다는 것은 끔찍한 일이 아닐 수 없다. 가장 충격을 받은 이는 고종이었다. 눈앞에서 아내가 살해당한 것은 물론 시신조차 불에 타서 잿더미가 되어버렸다. 설상가상으로 원수나 다름없던 아버지 흥선대원군이 나타난 것도 모자라서 일본의 입김으로 김홍집을 주축으로 한 내각이 구성되었다. 고종은 경복궁에 감금이나 다름없는 유폐 상태에 놓였다.

독살당할지 모른다는 두려움에 선교사들이 가지고 온 음식만 먹고 지내던 고종은 외부로 탈출하기 위해 발버둥친다. 비슷한 시기, 이범진을 주축으로 한 친러파가 고종을 구출하려고 친위대 일부를 움직여 경복궁 춘생문으로 진입을 시도한다. 하지만 정보가 새어 나가면서 미리 대기하고 있던 궁궐 수비대의 반격으로 무산되고 만다.

그 사건 이후 고종은 직접 탈출을 감행하기로 한다. 1896년 2월, 고종은 시중을 들기 위해 경복궁을 드나들던 엄상궁의 가마에 몰래 숨어 탈출, 곧장 정동에 있는 러시아 공사관으로 피신한다. 그리곤 곧바로 김홍집을 비롯하여 일본과 협력하던 대신들을 체포할 것을 지시한다. 아관파천이라고 부르는 이 사건으로 일본 세력은 또다시 후퇴해야만 했다.

고종은 러시아 공사관에서 1년 남짓 지내면서 정국의 안정을 꾀한 다음 환궁한다. 하지만 경복궁 대신 경운궁으로 불렸던 덕수궁으로 향한다. 한동안 버려졌던 덕수궁이 역사에 다시 모습을 드러낸 순간이다. 그래서인지 유독 덕수궁 안에는 근대의 흔적이 많이 남아있다.

## ❀ 정관헌과 석조전

입장료를 내고 덕수궁 안으로 들어가 보자. 대개의 사람은 자그마한 금천교를 지나 직진을 할 것이다. 곧게 뻗었고 큰길이면서 사람들이 가장 많이 오가기 때문이다.

하지만 금천교를 지나자마자 오른쪽으로 발걸음을 돌리면 다른 풍경을 볼 수 있다. 우선 돌담길이라는 이름의 카페 겸 선물가게가 나온다. 궁궐 안에 있는 카페답게 커피 대신 양탕국이라는 이름의 메뉴판이 시선을 끈다. 이 돌담길 카페는 덕수궁 안에 하나밖에 없는 연못과 접해 있고, 둥그런 연못 가운데 작은 섬이 자리해 있다. 연못 뒤쪽으로 가면 나무에 둘러싸인 공간이 나오는데 덕수궁의 시끌벅적함은 눈곱만큼도 느낄 수 없는 고즈넉함이 흐른다.

이곳에서 왼쪽으로 가면 녹색 지붕을 한 괴상한 건물이 하나 나온다. 벽돌로 만든 서양식 건물이긴 한데 사방이 탁 트였고 테라스로 보이는 공간을 보면 얇은 기둥으로 지탱되는 지붕이 튀어나와 있다. '정관헌'이라는 이름의 이 건물은 1900년에 지어졌는데 고종이 커피를 마시던 곳으로 알려져 있다.

이곳에 서서 주변을 내려다보면 고종이 왜 여기에서 커피를 즐겼는지 단번에 알 수 있다. 야트막한 언덕 위에 지어져서 덕수궁이 내려다보였고, 다른 전각들과 거리가 있어 조용히 차를 마시거나 누군가를 만나기 딱 좋은 장소였던 것이다(반면 경운당이라는 이름으로 불리면서 임금의 어진을 보관하던 장소로 커피를 마시던 곳이 아니라는 주장도 제기되고 있다).

어쨌든 이 정관헌을 지나 숲길을 따라 조금 걷다 보면 회백색의 거대한 기둥들과 만나게 된다. 석조전을 떠받드는 기둥인데 이걸 처음 본 사람들은 황당하다는 반응을 보인다.

조선의 궁궐에 뜬금없이 그리스 신전이 들어섰기 때문이다. 대한제국 시기였던 1900년, 영국인 하딩의 설계로 짓기 시작한 석조전은 19세기 유럽 귀족의 저택을 고스란히 가져온 듯하다.

정관헌

정관헌 내부

내부의 가구들도 영국의 메이플 사에서 직접 주문해 가져왔으며, 서양식 응접실과 식당, 침실들로 구성되어있다. 고종황제는 이곳이 완성되면 거처를 옮길 계획이었다고 한다. 하지만 막대한 비용으로 공사가 자주 중단되었고, 결국 완공된 해는 대한제국이 사라지는 1910년이었다. 그 사이 고종황제는 헤이그 특사 사건으로 일본의 압박을 받아 퇴임한 상태였다.

퇴임한 고종은 경운궁에서 덕수궁으로 이름을 바꾼 이곳에서 지냈지만 석조전을 거처로 삼지는 않았다. 아마 대한제국을 떠올리는 이곳을 피하고 싶었는지도 모른다. 버려진 석조전은 고종황제의 아들인 영친왕 이은이 일본에서 귀국했을 때 임시 숙소로 사용되었다. 이후 미술관으로 사용되었는데 이때 일본은 덕수궁의 궁전 구역을 이리저리 훼손시키고 축소해버렸다. 그 탓에 궁궐 안에 있던 중명전을 보려면 지금은 밖으로 나가야만 한다.

광복 후 석조전은 미소 공동위원회 회의장과 국립중앙박물관 등으로 사용되다가 2009년 복원공사를 시작해 2014년 석조전 대한제국역사관으로 문을 열었다. 다른 용도로 사용되면서 내부가 많이 훼손되어있어 복원하는 데 오랜 시간이 걸렸다고 한다. 현재 이곳은 대한제국과 왕실의 모습을 알 수 있는 자료들이 전시되어있으며, 응접실과 식당, 침실은 사진을 토대로 하여 예전 모습 그대로 복원해두었다.

석조전은 덕수궁 홈페이지에서 예약을 하면 해설사의 안내를 받으며 내부를 관람할 수 있다. 아주 간단한 절차만 밟으면 되므로 덕수궁에 갈 계획이 있다면 내부 관람하기를 권한다. 시간에 맞추어 석조전 안으로 들어가면 넓은 중앙 홀이 나온다. 하얀색 기둥에 둘러싸인 중앙 홀은 2층까지 뻥 뚫려 있다. 대리석으로 만든 벽난로와 테이블, 섬세하게 조각되어 금박이 입혀진 벽면의 장식을 보고 있노라면 이곳이 덕수궁이 아니라 서양 어느 귀족의 저택에 온 듯한 착각에 빠져든다.

안내를 받아서 2층으로 올라가면 더 놀랄 것이다. 제인 오스틴의 소설에서나 나올 법한 귀족의 침실과 응접실, 그리고 세면대까지 설치되어있기 때문이다. 곳곳에 대한제국 황실의 상징인 오얏꽃이 있는데 실제로는 제대로 사용되지 못했다는 점에서 근대사의 크나큰 비극이다.

2층의 하이라이트는 침실이나 응접실이 아니라 바깥을 볼 수 있는 테라스다. 문을 열고 밖으로 나가면 눈앞에 분수대와 덕수궁이 시원하게 보인다. 2층이라고는 하지만 계단 위에 있고, 1층이 꽤 높기 때문에 거의 3~4층 높이에서 내려다보는 느낌이다.

테라스에서 나와 마지막으로 돌아보는 대형 식당도 눈에 띄기는 마찬가지다. 잔과 접시가 서구식으로 세팅된 것은 물론, 석조전 벽면 안쪽 모습을 볼 수 있는 장소이기도 하다. 계단을 내려와서 오른쪽으로 돌아가면 지하 전시관으로 들어갈 수 있다. 이곳에서는 석조전의 건축과 근대 문물에 관한 내용을 볼

석조전

석조전 내부

석조전 2층에서 바라본 모습

수 있다. 그리고 거대한 금고문 같은 것이 보이는데 중앙박물관 시절 수장고로 사용되던 공간이다. 한 가지 팁을 보태자면 이런 곳에 들릴 때마다 입구에 비치된 안내서를 꼭 챙겨야 한다. 짧은 시간에 여러 곳을 둘러보면 잘 기억나지 않을 수 있다. 하지만 집에 돌아와서 안내서를 쓱 보면 기억이 정리된다. 사진을 찍어놓고 컴퓨터에 저장하거나 SNS에 올리면서 한 장씩 확인해보는 것도 도움이 된다.

석조전까지 둘러보고 나오면 두 가지 길을 선택할 수 있다. 하나는 석조전 뒤편 평성문으로 나가서 미국 대사관저인 하비브 하우스를 지나 고종의 길로 가는 것이고, 다른 하나는 대한문으로 도로 나와서 정동길을 걷는 것이다. 효율성 면에서는 전자를 선택해야 하지만 역사를 찾아가는 발걸음이라면 때로 멀리 돌아가는 것도 필요하다.

## ❀ 정동길

정동의 원래 이름은 정릉동이었다. 조선 초기 한성부 서부 황화방에 속해 있던 이곳이 정릉동으로 불린 이유는 한 사람의 죽음과 그것을 기억하고자 했던 다른 한 사람 때문이다. 조선을 건국한 이성계에게는 두 명의 부인이 있었다. 고향인 동북면에서 결혼한 신의왕후 한씨와 나중에 개경에 올라와 결혼한 신덕왕후 강씨였다.

고려 후기에는 사대부들이 지방과 개경에 각각 부인을 두는 향처와 경처 제도가 있었다. 조선 시대를 기준으로 하자면 나중에 결혼한 경처가 첩이 되어야만 했지만 보통 경처의 집안이 부유하고 세력이 큰 경우가 많았다. 사실 사대부가 두 번 결혼하는 가장 큰 이유는 개경에서 관료로 활동할 때 처가의 인맥과 재산을 활용하기 위해서였다.

이성계 역시 그런 관습을 따랐는데 실제로도 신덕왕후 강씨를 매우 사랑해서 장성한 한씨 소생의 자식들을 제치고 강씨가 낳은 아들을 후계자로 삼기도 했다.

1396년, 신덕왕후 강씨가 세상을 떠나자 몹시 슬퍼한 이성계는 한양의 남쪽인 이곳에 무덤인 정릉을 만들고 바로 옆에 사찰을 지어 명복을 빌게 했다. 이곳 또한 자연스럽게 정릉동으로 불렸다.

하지만 제1차 왕자의 난이 일어나면서 신덕왕후 강씨는 이곳에서 쫓겨나게 된다. 자식 모두가 죽고 남편마저 왕의 자리에서 밀려나 지방을 떠도는 신세가 되면서 그녀의 무덤 역시 한양 밖인 양주군으로 옮겨지고 정자각은 물론 석물 또한 파괴되거나 다른 용도로 쓰였다. 그중 병풍석은 광통교 기둥으로 쓰였다가 청계천을 복원할 때 발견되기도 했다. 그러나 무덤은 쫓겨났지만 이름은 그대로 남았다. 정릉동에서 가운데 글자가 빠진 정동으로 말이다.

지금은 강남이 부유함의 상징이지만 조선 시대에는 정반대였다. 고위 관리를 비롯한 사대부 모두가 임금이 있는 궁궐 근처인 북촌에 모여 살았다. 반면 남산을 중심으로 한 남쪽 지역은 가난한 선비와 백성이 모여 사는 곳이었다. 정릉 역시 마찬가지였는데 구한말에 들어서면서 한 가지 변화가 찾아온다. 코가 크고 눈동자와 머리 색깔이 다른 외국인들이 몰려든 것이다.

강화도 조약을 체결한 후 조선은 문호를 개방하기로 하고 외국인의 입국을 허용한다. 한양에 들어온 외국인 묄렌도르프가 맨 처음 자리를 잡은 곳이 오늘날의 북촌 일대인 박동이다. 당시 고종이 머물던 경복궁 근처였고, 근대식 체신기관인 우정국을 비롯하여 각종 서구식 관청이 들어섰거나 그럴 예정이었다. 하지만 1882년 임오군란과 1884년 갑신정변으로 북촌 일대는 서양인이 거주하기에는 부적당하다는 인식이 퍼졌다. 정변의 중심지였던 까닭에 탈출과 방어가 쉽지 않았던 것이다.

이후 서양인들이 주목한 곳이 바로 정동이다. 한쪽은 한양 성곽이 막아섰고, 유사시에서는 서대문을 통해 한양을 빠져나가 한강이나 제물포로 이동하기 쉬웠기 때문이다. 1883년, 미국 공사관을 필두로 다음 해에는 영국 공사관이 정동에 자리를 잡았다. 그 뒤를 이어 러시아와 프랑스 공사관이 들어섰다. 독일 공사관이 뒤따라 정동에 세워졌고, 이탈리아 공사관과 벨기에 영사관도 이곳에 자리를 잡았다.

공사관뿐만 아니라 아펜젤러 목사가 세운 벧엘예배당도 이 시기에 만들어졌는데 이곳이 오늘날 정동 제일교회다. 정동 제일교회 옆으로는 스크랜턴 여사가 세운 최초의 근대식 여학교인 이화학당이 자리해 있다. 조금 떨어진 곳에는 역시 아펜젤러 목사가 세운 배재학당이 들어섰다. 그뿐만 아니라 손탁 여사가 운영하던 손탁 호텔도 이곳에 자리 잡았다. 오늘날 이태원 부럽지 않게 외국인이 모여들자 거리의 풍경도 달라졌다. 완만한 기와지붕과 초가지붕이 사라지고 벽돌과 대리석으로 만든 건축물이 들어섰다. 아관파천을 감행한 고종이 경복궁 대신 경운궁으로 환궁한 이유도 이곳에 모인 외국 공사관의 보호를 받기 위함이었다.

명성왕후시해사건 당시 일본의 계획은 나름 완벽했다. 일본인 교관들이 훈련한 훈련대를 조선 조정이 해산시키려 한다는 것에 불만을 품은 장교와 병사들이 궁궐을 습격하고, 이들에 의해 추대된 흥선대원군이 정권을 장악한다는 내용이었다. 일본이 개입하지 않은 것으로 보이기 위한 위장이었지만 안타깝게도 몇 가지 이유로 실패하고 만다. 일단 흥선대원군을 끌어들이는 데 시간이 오래 걸려 날이 밝아버렸고, 경복궁 안에 있던 외국인들이 일본군과 일본 낭인이 난입한 것을 목격했던 것이다. 다른 건 발뺌할 수 있어도 외국인들의 증언까지 묵살할 수는 없었기 때문에 일본은 형식적으로나마 범인들을 본국으로 송환해 법정에 세워야만 했다.

고종은 바로 이 지점을 파고들었다. 외국인이 모여 있는 정동 바로 옆 경운궁에 자리를 잡아 일본의 간섭과 위협을 최대한 피해 보려고 한 것이다. 경운궁의 예전 영역도를 보면 주변에 외국 공사관들이 마치 호위병처럼 둘러싸고 있다. 그 때문인지 고종이 경운궁으로 환궁한 이후에는 명성왕후시해사건처럼 일본 세력이 궁궐을 직접 공격하는 일은 벌어지지 않았다. 고종은 그 틈을 타서 대한제국을 선포하고 환구단을 지어 하늘에 제사를 지내는 것으로 황제가 되었음을 알린다. 아울러 궁내부를 중심으로 강력한 개혁정책을 펼쳤는데, 당시의 연호인 광무를 따서 광무개혁이라고 부른다.

이런 몸부림은 러일전쟁에서 일본이 승리하고 헤이그 특사사건을 빌미로 고종이 강제로 퇴위하면서 무위로 돌아갔다. 고종은 덕수궁으로 이름이 바뀐 경운궁에 칩거했고, 대한제국은 종말을 향해 달려갔다. 대한제국이 사라진 이후에도 정동 일대 외국인들은 사라지지 않았다. 공사관은 대부분 철수했지만 교회와 학교들은 그대로 남았기 때문이다. 오늘날에도 그 흔적은 정동 여기저기에서 어렵지 않게 찾아볼 수 있다.

## ❀ 사법기관 평리원에서부터 서울시립미술관까지

정동을 본격적으로 걷다 보면 왼편 언덕 위에 높다란 빌딩이 나온다. 서울 시청의 서소문 별관이다. 공무원들이 사용하는 곳이지만 일반인도 출입할 수 있다. 안으로 들어가서 출입문 통제기 앞에 있는 분에게 정동 전망대에 간다고 하면 친절하게 들여보내 준다. 엘리베이터로 13층까지 올라가 보자. 바로 오른편에 정동 전망대가 나온다. 큼지막한 창문을 통해 덕수궁과 정동을 내려다볼 수 있다. 단언컨대 덕수궁을 가장 잘 볼 수 있는 곳이다.

이곳에서 내려다보면 덕수궁 전각들이 어떻게 배치되었고, 주변 공사관들이 어떻게 자리해 있었는지를 알 수 있다. 맑은 날도 좋지만 눈이나 비가 오는 날에 가면 눈과 빗속에 잠긴 운치 있는 덕수궁을 감상할 수 있다. 가을이 되면 덕수궁 안의 단풍을 실컷 내려다볼 수도 있다. 화장실로 가는 통로 쪽에는 정동 일대의 외국 공사관과 성공회 성당의 예전 모습이 흑백 사진으로 전시되어 있다.

정동 전망대에서 내려와 정동의 돌담길을 계속해서 걷다 보면 로터리가 나온다. 제일 왼편의 오르막길은 서울시립미술관으로 이어진다.

덕수궁 옆에 있는 돌담길은 데이트할 장소가 마땅찮던 1960~70년대 연인들의 단골 데이트 코스였다. 덕수궁 석조전 앞 분수대에서 만나 서로 팔짱을 끼고 돌담길을 걷는 것이 일상이자 만남이었던 연인들. 하지만 이런저런 이유로 연인이 돌담길을 함께 걸으면 반드시 헤어진다는 속설 아닌 속설도 전해

정동 전망대에서 바라본 덕수궁

지금은 사라진 프랑스 공사관.
현재의 창덕여중 자리에 있었다.

져 내려온다. 아마도 덕수궁 돌담길이 영국 대사관에 의해 중간에 끊겼기 때문에 연인들의 인연도 끊어진다고 봤을 수 있다. 이혼 절차를 밟기 위해 돌담길 중간에 있는 가정법원을 방문해야 했던 것도 속설이 퍼진 이유로 꼽힌다. 1966년 진송남이라는 가수가 부른 〈덕수궁 돌담길〉이라는 노래에도 둘이 걷다가 홀로 걷게 되었다는 슬픈 가사가 나온다.

오늘날의 덕수궁 돌담길은 주말마다 프리마켓이 열리는 활기찬 장소로 변신했다. 산책을 나온 가족과 외국인 관광객이 가득하다. 그곳에서 숲으로 둘러싸인 오르막길을 올라가면 회색 대리석으로 만든 거대한 출입문과 길쭉한 창문을 가진 고풍스러운 건물이 나타난다. 오르막길 옆에 친절하게도 서울시립미술관이라는 안내판이 붙어있다.

이곳이 서울시립미술관이 되기 전에 가정법원과 대법원이었고, 그 이전 대한제국 시기에는 사법기관인 평리원이었다는 사실은 잘 알려져 있지 않다. 대한제국은 행정권과 명확하게 분리되어있지 않던 사법권을 독립시켜 한성재판소라는 별도의 법원을 만들었고, 그것이 평리원으로 이어진 것이다. 평리원에는 헤이그 만국평화회의에 밀사로 파견된 이준 열사가 검사로 재직하기도 했다.

일제강점기인 1928년에는 악명 높은 경성재판소로 탈바꿈했다. 이곳에 경성 고등재판소와 경성 복심법원과 지방법원이 들어선 것이다. 1928년 11월 간도공산당 재판을 시작으로 수

많은 독립운동가들이 이곳에서 재판을 받고 형을 선고받았다.

광복 이후에도 이곳은 대법원으로 사용되다가 대법원이 서초동으로 이전한 1995년 이후 서울시립미술관으로 탈바꿈하여 시민과 함께 호흡하고 있다. 이때 역사적 가치가 있는 아치형 현관과 건물 정면은 그대로 놔두고 뒷부분은 새로 지었다. 따라서 일제강점기 시절의 흔적은 건물 외관을 제외하고는 찾아보기 어렵다.

## ❀ 서울시립미술관의 건축학적 해석

경성재판소가 지어진 1920년대는 지금처럼 건물을 쉽게 지을 수 있는 때가 아니었다. 그래서 건물을 지을 때 용도에 맞는 상징성과 이미지를 심어놓았다. 이는 바꿔 말하면 그것들을 해석하면 건물이 가지고 있는 의미를 꿰뚫어 볼 수 있다는 의미가 된다.

지상 3층 지하 1층의 서울시립미술관, 아니 경성재판소 건물을 처음 만났을 때 느끼는 감정은 '위압감'이다. 어떻게 지었기에 이런 감정을 자아낼 수 있을까?

첫째, 건물에 비해 다소 큰 현관은 화강암을 써서 어두운 스크래치 타일을 붙인 벽면과는 달리 창백한 느낌을 주었다. 둘째, 건물 자체에는 별다른 장식을 하지 않았지만 출입문을 기둥처럼 꾸미고 장식을 세심하게 넣어 쉽사리 들어갈 수 없는 곳이라는 이미지를 심었다. 셋째, 비슷한 시기의 다른 근대 건축물은 뾰족하고 경사진 지붕이지만 이곳의 지붕은 평평하게 하여 건물의 위압감에 무게를 더했다. 게다가 커다란 출입구가 세 개나 되어 이곳에 들어가려면 자연스럽게 옷깃을 여미게 된다.

건물의 외관 역시 위압적인 분위기를 풍긴다. 현관 위에 나란히 붙은 네 개의 아치형 창문은 물론, 두 개씩 나란히 짝지은 건물의 창문 또한 하나같이 길쭉한데, 이는 채광을 좋게 하려는 실용적인 목적 외에 실제보다 높게 보이려는 효과도 고려한 것이다. 외부에 별다른 장식을 더하지 않아서 지극히 평면적이고 차가운 느낌까지 더해지니 법을 다루는 엄격한 공간이라는 이미지가 완성된다.

심지어 위치까지도 그런 분위기에 힘을 보탰다. 정동 일대에서 가장 높은 지역에 지어졌고 기단을 살짝 높여서 사람이 올려다보게 만든 것이다. 오르막길을 올라가야 볼 수 있고, 기단에 의해 높여진 것을 비롯해 여러 방식을 통해 실제보다 높아 보이게 만들었으니 건물의 우람한 현관을 보면 자기도 모르게 기가 죽을 수밖에 없다. 이것이 건물의 위치와 외관이 가진 힘이다. 근대 건축물을 볼 때는 이런 해석을 하는 것이 매우 중요하다.

이곳에는 잘 보이지 않는 곳에 그 시기의 숨겨진 흔적이 하나 남아있다. 미술관의 출입문 양쪽은 화강암으로 된 경사로처럼 되어있는데, 법원 시절 판검사들을 태운 차량이 지붕이 있는 출입문 앞까지 올라갈 수 있도록 해놓은 것이다. 관공서나 부유한 사람이 지은 주택에 이런 경사로가 많다. 1932년에 지어진 충남도청과 1938년 금광왕 최창학이 지은 죽첨장이 대표적이다.

어쨌든 이곳 또한 경사로가 있고 그 오른쪽 경사로 뒤편으로 가면 아주 좁은 틈이 있는데, 이곳에 건물의 역사를 알 수 있는 정초석이 있다.

"定礎 昭和二年十一月 朝鮮總督 子爵 齋藤實(정초 소화2년11월 조선총독 자작 재등실)"

정초석에 새겨진 이 문구를 보면 주인공이 바로 짐작된다. 제5대 조선총독인 사이토 마코토! 기미독립운동 직후 부임해 경성역에서 강우규 열사가 던진 폭탄으로 죽을 뻔한 위기를 넘긴 인물이다. 경성재판소의 공사가 시작된 1927년 11월은 일본 국왕의 연호로 쇼와 2년. 당시 조선총독으로 사이토 마코토가 재직 중이었으니 그가 정초석의 주인공임에 틀림없다.

복잡하고 무거운 마음을 안고 언덕을 내려와 정동극장을 지나면 바로 오른편에 추어탕집 간판이 있는 골목길로 이어진다.

골목길로 들어서면 붉은 벽돌로 지은 서양식 건축물을 만나게 된다. 중명전이다. 2층으로 된 중명전은 1901년에 지어졌으며 수옥헌이라는 이름의 도서관으로 이용되다가 1904년 경운궁이 화재로 큰 피해를 보게 되면서 임시로 고종황제의 거처가

서울시립미술관 정초석

되었다. 이때부터 수옥헌 대신 중명전이라는 이름으로 불린다. 임금을 전하라고 부르는 것에서 알 수 있듯 임금이 머무는 공간은 '전'이 되어야 했기 때문이다. 중명전의 건물 외부는 기둥에 의해 회랑이 형성되었고, 1층 현관 지붕은 자연스럽게 2층 테라스로 이용되는 형태로 지어졌다.

## ❀ 을사늑약 당시의 모습을 재현한 중명전

정동을 제법 다녀봤다고 하는 사람도 골목길 안쪽에 있는 중명전을 가본 사람은 의외로 많지 않다. 하지만 이곳은 우리 근대사의 빛과 어둠이 공존하는 공간이다.

우물의 흔적이 남아있는 마당을 지나 계단을 올라가면 중명전으로 들어갈 수 있다. 이곳에 들어가려면 신발을 벗고 슬리퍼로 바꿔 신어야 한다. 문을 열고 들어가면 그 이유를 알 수 있다. 바닥에 예전 카펫이 깔려 있고 그 위에 유리가 덮여 있는 것으로 보건대 보존을 위해서다.

들어가자마자 왼편 큰 방에 마네킹들이 있다. 1905년 을사늑약을 체결하던 당시의 모습을 그대로 재현해놓은 것이다. 이토 히로부미가 대신들을 한 명씩 협박하면서 찬반을 묻는 모습과, 을사오적을 비롯한 대신들이 대답을 하는 장면이다. 벽면에는 강제로 체결된 을사늑약 조약문이 남아있다. 5개 조항 중 마지막 조항은 대한제국 황실의 안전을 보장한다는 내용이므로 실제로는 4개 조항에 불과하다. 외교권을 빼앗고 통감부를 통해 반식민지로 만드는 조약이 불과 4개 조항밖에 안 된다는 사실이 씁쓸하다. 나라가 힘이 없으면 권리를 강탈하는데 이 정도 문구만으로도 충분한가 보다.

다른 방에는 경운궁이라 불렸던 시절의 덕수궁과, 일제강점기 시절에 덕수궁이 얼마나 훼손되고 변했는지 보여주는 자료와 사진들이 준비되어있다. 그리고 중명전의 빛이라고 할 수 있는 헤이그 특사 사건에 관한 자료들도 전시되어있다.

고종황제는 을사늑약 체결이 강제적으로 이뤄졌다는 뜻을 외국에 전하기 위해 당시 네덜란드 헤이그에서 열리는 만국평화회의에 특사를 파견했다. 우리가 아는 것은 헤이그 현지에서 병사한 이준 열사와 특사단을 이끌었던 이상설 정도다. 하지만 주목해야 할 사람이 하나 더 있다. 20대 초반이었던 특사단의 막내 이위종이다.

그는 당시 일본의 소환령을 무시하고 러시아 제국의 수도 상트페테르부르크에 남았던 주러 공사 이범진의 둘째 아들이다. 외교관인 아버지를 따라 미국과 러시아를 오가며 공부를 했기 때문에 외국어에 능통했으며 서양식 에티켓에도 익숙했다. 이준은 고종황제의 밀명을 받고는 부산에서 배를 타고 블라디보스토크로 가서 망명 중인 이상설과 합류한다. 그리고 시베리아

횡단 열차를 타고 상트페테르부르크로 가서 이위종과 합류, 헤이그로 향한다.

헤이그에 도착한 특사단은 조그마한 호텔에 여장을 풀고 태극기를 걸었다. 하지만 그들은 회의장에 들어가질 못했다. 정식으로 초청받지 않았다는 이유로 제지당한 것이다. 그래서 언론사와의 인터뷰와 연설을 통해 을사늑약 체결의 부당함과 일본의 침략을 비난했다. 이때 인터뷰와 연설을 도맡은 사람이 외국어에 능통했던 이위종이다.

세 사람의 노력에도 만국평화회의의 강대국들은 이들을 외면했다. 그리고 국내에 이 소식이 전해지자 일본은 궐석 재판을 통해 이상설에게는 사형을, 이준과 이위종에게는 무기징역을 선고했다. 이뿐만이 아니라 이토 히로부미 통감에 의해 고종은 황제 자리에서 강제로 물러나야만 했다.

비록 실효를 거두지는 못했지만 헤이그 특사 파견은 을사늑약의 체결이 부당하게 이루어졌다는 사실을 외국에 알렸다는 데서 큰 의미를 남겼다.

### ❀ 아관파천의 무대, 러시아 공사관의 흔적

중명전을 나와 다시 정동을 걷다 보면 왼편에서 이화여고와 만나게 된다. 한때 손탁 호텔이 있던 이곳은 근대와 현대 속에서 이화여고가 어떤 위치를 차지하고 있는지를 말없이 보여 준다.

이화여고 맞은편에는 캐나다 대사관과 예원학교가 있는데, 교문 바로 옆 오르막길을 올라가면 눈처럼 하얀 탑이 있는 정동공원이 나온다. 공원이라고 부르기에 민망한 공간이지만 나름 잘 꾸며져 있다. 미국 대사관저의 출입문이 있어 경찰들이 상주해 있으므로 언제든 안심하고 산책할 수 있다.

정동공원 언덕 위에 있는 하얀 탑은 사실 탑이 아니다. 이곳은 아관파천의 무대이자 대한제국 시기 막강한 영향력을 행사했던 러시아 공사관이 있던 곳이다. 탑처럼 생긴 것은 본관 건물에 딸린 일종의 전망대였다. 한국 전쟁 당시 본관 건물이 파괴되면서 홀로 남게 된 안타까운 사연의 주인공이다.

사진으로 남아있는 러시아 공사관의 위용은 엄청나다. 벽돌로 만들어진 본관 건물과 탑은 하얀 석회를 발라 정동 어디에서나 눈에 띄었다. 예원학교와 캐나다 대사관이 접해 있는 곳이 바로 러시아 공사관 출입문이었다는데, 개선문처럼 만들어졌다고 한다. 하지만 이곳은 러일전쟁이 터지면서 일본군에 의해 공사관원 모두가 추방되었고, 일제강점기 시절에는 버려지다시피 했다. 광복 이후 소련이 이곳에 입성했지만 정판사 사건으로 추방당하면서 다시 비어있다가 한국 전쟁 때 결국 파괴되고 말았다.

이곳으로 미국 대사관저 곁을 지나는 '고종의 길'이 연결되어있다. 경운궁으로 환궁한 고종황제가 일본의 침략에 대비해 유사시에 러시아 공사관으로 피할 수 있게 만든 비밀통로. 바로 그 길이다. 하지만 정확하게 말하자면 비밀통로라기보다는 경희궁 터로 가는 길 중간에 난 출입문 정도라고 볼 수 있다. 어쨌든 고종이 경운궁으로 환궁한 이후에도 일본의 위협에 전전긍긍했다는 안타까움을 엿볼 수 있는 곳이다.

고종의 길에는 조선저축은행 중역들의 사택과 그들을 위한 방공호들이 있었다. 지금은 역대 임금들의 어진을 보관하던 선원전을 복원하기 위해 철거했지만, 왕궁이 있던 자리까지 멋대로 사용했던 일본의 만행이 이곳에도 여지없이 이어졌다.

고종의 길은 광복된 이후에도 돌려받지 못하고 미국 대사관저에서 사용되면서 오랫동안 우리의 기억 속에서 사라졌고, 수십 년이 지난 지금에야 우리는 이 길을 걸을 수 있게 되었다. 그래서인지 이 짧은 길에서 유독 서글픔이 느껴진다. 역사를 색깔로 표현하자면 덕수궁과 정동 일대는 우울한 회색일 듯싶다. 그런 역사를 다시 밝게 색칠하는 것이 우리가 해야 할 일이 아닌가 생각이 드는 산책길이었다.

고종의 길
정동공원
서울주교좌성당
출발
정관헌
석조전
덕수궁
중명전
대한문
1호선 시청역
2호선
정동길
서울시립미술관

### ❀ 이곳으로 가는 길

대한성공회 서울주교좌성당으로 가려면 시청역 3번 출구로 나와서 조금 걸으면 된다. 가다가 서울특별시 의회 옆길로 올라가면 성당이 나온다. 성당 후문으로 나오면 바로 덕수궁 담장이 보인다. 큰길로 나와서 오른쪽으로 걸으면 대한문이 나오고 대한문 바로 옆이 정동으로 들어가는 입구다.
덕수궁을 둘러보려면 가급적 수문장 교대식 시간에 맞춰서 가기를 권한다.
덕수궁 내부를 둘러보고 석조전 뒤편의 평성문으로 나가서 오른쪽 오르막길을 넘어가면 고종의 길이 나온다. 이곳을 지나면 바로 러시아 공사관이 있던 정동공원으로 이어진다.
하지만 정동을 제대로 돌아보려면 다시 대한문으로 나와서 돌담길을 따라 걷는 것이 좋다. 정동 전망대와 서울시립미술관, 중명전을 살펴볼 수 있기 때문이다.

### ❀ 근처에 가볼 만한 곳

덕수궁과 정동 근처에는 가볼 만한 곳이 많다. 덕수궁 앞 서울시청 광장 건너편 웨스틴 조선 호텔 쪽에는 한옥으로 만든 큼지막한 대문이 있다. 대한제국 시절 하늘에 제사를 지내던 환구단의 대문으로 한때 사라졌다가, 호텔 정문으로 사용되다가, 뒤늦게 발견되어 원래 자리로 옮겨진 것이다. 환구단은 제국을 선포한 흔적이라 일제강점기 시절 철저하게 파괴되었다. 다만 신위를 보관하던 황궁우만 외롭게 남았다. 조선 호텔 후원으로 사용된 치욕의 역사를 지닌 이곳을 보고 있으면 착잡함이 깊어진다.
서울 시청 바로 앞에 있는 서울도서관 역시 역사적인 장소라고 할 수 있다.
이곳은 1926년 경성부청사로 지어졌고, 서울시청으로 오랫동안 사용되었다. 도서관 문을 열고 들어가면 대리석 계단과 양옆의 장식에서 그 흔적을 느낄 수 있다. 5층에 가면 복원전시실이 있는데 복원 과정을 담은 모형과 그 과정에서 나온 건축 부재들이 전시되어있다.

세번째 산책

# 아픈 역사와 만나는 곳

서촌과 벽수산장

GOD IS
LOVE

## 둥글게 낡은 것을 좋아해

서촌에는 몇 번 와 본 적이 있지만 동네의 가장 높은 곳까지 올라와 보는 건 처음이다. 마을버스에서 내리자 높은 산 아래로 3층짜리 낡은 빌라와 5층 높이의 나무가 먼저 보였다. 나는 반가운 마음으로 깊은 숨을 크게 쉬었다. 사실 큰 산이 주택가 바로 옆에 있는 것 말고는 특별할 게 없는 광경이지만, 나는 특별할 것 없는 이 풍경에 마음이 갔던 것이다. 이렇게 낮은 다세대 주택과 그보다 높은 나무의 조합을 보면 나는 어쩐지 사람이 살 것 같은 느낌을 느낀다. 그건 아마도 긴 시간 손때가 묻어 둥글해진 헌 것들과 그 사이로 자리 잡은 자연이 어우러지는 모양 때문일 것이다.

그런 이유로 나는 몇 년 전까지 살던 5층 시영아파트와 그보다 높은 벚나무를 사랑했다. 그렇게 사랑하던 공간은 아쉽게도 재개발됐고, 그 자리를 대신한 34층 아파트와 아직 회초리 같은 벚나무에는 아직 정을 붙이지 못했다. 물론 재개발 후에도 사람은 살고 새도 날고 꽃도 피지만 그 모습은 지나치게 정확한 모양새다. 나는 둥글게 낡았던 그때가 그립다.

이 아무렇지도 않은 풍경을 차를 타고 와서라도 볼 수 있음을 다행으로 여겨야지. 이동해야 하는데 아쉬운 마음에 자꾸만 뒤를 돌아보았다.

## 서촌 계곡, 자연은 자체로 충분한데

3층 빌라가 있던 마을버스 정류장에서 조금 올라가니 맑고 좁다란 계곡이 나왔다. 사실 계곡이라 하기에는 애매한 크기의 물이지만 서울 도심 정중앙에서 찾은 오아시스 같은 것이니 나는 그냥 계곡이라 생각하기로 했다. 작은 폭포처럼 떨어져 고였다가 다시 흐르는 맑은 물과 그 소리가 좋다. 어떤 설치 작가의 작품처럼 딱 그곳에 놓인 우연한 바위도 좋고, 그 바위부터 물길의 초리까지 짙게 드리워진 그늘이 명필의 일필휘지 같아 마음에 들었다. 자연은 이대로 충분한데 내 그림이 더 이상 어떤 의미가 있을까 생각했다.

## 서촌 골목, 아무렇지도 않아 좋은 느낌

서촌을 다니며 계속 느꼈던 것은 '참 아무렇지도 않아서 좋다.'였다. 이토록 아무렇지도 않은 골목을 일부러 와서 특별히 즐겨야 한다니. 나는 잠시 멍한 채 약간의 어지러움을 느꼈다.

그리 멀지 않은 언젠가, 휴일 초저녁 한가롭게 눈을 감고 누워 있으면 눈꺼풀을 투과하는 분홍 빛과 창틀 너머로 들려오는 아이들 노는 소리가 좋았다. 운 좋게 바람 한 점 불어준다면 이 모든 느낌이 솨~솨~ 하는 엷은 소리로 뭉쳐져, 나는 이내 기분 좋은 초저녁잠에 빠져들었다. 이런 기억을 오래된 골목에서 되뇌는 건 지금 사는 새 집이 너무 높고 창도 큰 탓에 더는 느낄 수 없기 때문이다. 아내는 편리한 새집을 좋아하지만 나는 옛날 사람이 되려는지 자꾸만 예전에 좋았던 느낌들이 안타깝다.

## 서촌 벽수산장터,
## 못하는 게 아니라 다른 것일 뿐

그냥 무너져 일부만 남은 건물의 일부 같은데 정 작가는 이런 곳의 이야기까지 잘도 찾아낸다. 사실 나는 이곳을 그리기 전부터 많이 쓰는 오른손이 불편해져 처음으로 이곳을 왼손으로 그리기로 했는데, 왠지 내 오른손의 처지가 한때 기세등등했을 이 건물터 같아 마음이 몹시 아팠다. 다행히 왼손은 생각보다 잘해주었고 옛터에 자리 잡은 지금 건물들도 생각보다 조화로워 좋았다. 그림을 마칠 때쯤 나는 오른팔이 망하는 길로 가지 않게 왼손과 조화롭게 나누어 작업하기로 했다. 왼손은 못하는 게 아니라 다른 것뿐이었고 오른손은 조금 쉬면서 해도 되겠다.

## ✿ 역사와 만날 수 있는 골목길, 서촌

서촌은 청운효자동과 사직동 일대를 지칭하는 것으로 경복궁의 서쪽이라는 의미를 지니고 있다. 하지만 현지 주민들은 세종대왕이 태어난 곳이라는 의미로 세종마을이라 부르기도 한다. 그 때문인지 이곳의 간판들은 모두 한글로 적혀 있다. 외국 커피 브랜드가 한글로 적혀 있는 걸 보는 재미가 쏠쏠하다.

사실 조선 시대 서촌은 지금의 서촌이 아니다. 조선 시대 서촌은 글자 그대로 청계천을 기준으로 서쪽에 있는 중구 정동 일대를 지칭한다. 그렇다면 우리가 서촌이라고 부르는 이곳을 조선 시대에는 뭐라고 불렀을까?

윗마을이라는 뜻의 상촌이나 웃대, 혹은 우대라고 불렀다. 위쪽이라는 것은 두 가지 의미가 있는데 지형이 높은 곳이라는 뜻과 높은 신분의 사람들이 살던 곳이라는 뜻이다. 즉 이곳은 궁궐과 가깝고 경치 좋은 인왕산과 가까웠기 때문에 고관대작들이 많이 살던 곳이다. 조선 시대에는 구불구불한 언덕길이었겠지만 자기 발로 언덕길을 오르지 않아도 되는 사람들이었으니 크게 불편함은 없었을 것이다.

조선 후기에는 중인들의 예술활동이 펼쳐지는 무대이기도 했고, 일제강점기에는 친일파와 예술가들이 공존하던 기묘한 공간이기도 했던 이곳은 서울의 중심부에 있지만 청와대 부근이라서 개발의 광풍을 피해갔다. 그래서인지 TV에서나 볼 법한 옛 골목의 모습과 정취가 그대로 남아있다. 아울러 조선 시대 한옥부터 일제강점기에 지어진 일본식 주택, 1970~80년대 지어진 주택의 흔적을 다양하게 볼 수 있어 역사 탐방 코스로 손색이 없다. 최근에는 관광 명소로 주목을 받아서 관광객이 많이 찾아온다.

일반적으로 이곳에 가려면 지하철 3호선 경복궁역에서 내려 걸어 올라가지만, 서울시청 근처에 있는 프레스 센터 앞에서 09번 마을버스를 타면 종점인 수성동 계곡까지 편안하게 올라갈 수 있다. 보통 사람들의 답사 코스는 최대한 짧고 복잡하지 않아야 한다. 오르막길도 웬만하면 피하는 것이 좋다. 걷는 것이 힘들면 주변 풍경을 제대로 볼 수 없기 때문이다. 그런 점에서 09번 마을버스 종점이 있는 수성동 계곡에서부터 내려오며 서촌을 둘러보는 것은 가장 최적의 코스라고 할 수 있다.

## ❀ 시인들의 사랑방, 수성동 계곡

물소리가 크고 우렁차서 '수성'이라는 이름을 가지게 된 인왕산 기슭의 이 계곡은 조선 시대 선비들과 화가들의 사랑을 듬뿍 받던 곳이다. 세종대왕 셋째 아들이자 예술가로 명성을 떨친 안평대군 이용의 집터가 이곳에 있었다고도 전해진다. 그밖에 조선 시대 많은 선비들이 이곳의 아름다움에 감탄해서 한양 최고의 명승지라는 찬사를 아끼지 않았다.

영조와 정조 시대에 활약한 정선은 진경산수화의 대가로 알려져 있다. 진경산수화란 조선의 풍경을 그린 그림으로 무작정 중국의 화풍을 따라 하던 것에서 진일보한 화풍이다. 가난한 양반집에서 태어난 그는 어린 시절부터 그림에 재능을 보였다. 1751년에는 자신이 살던 장동 일대의 명승지를 여덟 폭의 그림으로 남겨놓았는데, 그중에 수성동의 풍경을 그린 것도 남아있다.

사실 이곳에 직접 오기 전, 기록만 봤을 때는 한양 근처에 계곡이 여기 하나만 있는 것도 아닐 텐데, 왜 이렇게 난리법석을 피웠는지 이해가 되질 않았다. 하지만 수성동 계곡을 보는 순간, 단번에 이해가 됐다. 멀리 인왕산 암벽이 아스라이 보이는 가운데 산자락으로부터 이어져 내려오는 바위와 수풀이 절묘하게 어우러졌다. 넓은 바위는 돗자리를 펴놓고 술 한 잔하면서 시를 짓기 좋았다. 지금은 물이 많이 줄었지만 바위 사이로

인왕산

기린교

흐르는 물줄기도 만만치 않아서 수성동이라는 이름을 얻게 되었을 것이다. 물이 흐르는 바위 사이에 기린교라는 이름의 돌다리가 있는데 겸재 정선이 그린 그림에도 남아있다. 난간에 기대어 아래로 흐르는 물소리를 듣고 있노라면 이곳이 서울이라는 사실을 까맣게 잊게 된다. 그렇다고 이곳이 양반들만의 놀이터였냐 하면 그것 또한 아니었다. 조선 후기에 접어들면서 중인과 평민층을 중심으로 새로운 문화가 형성되었다.

임진왜란과 병자호란을 거치면서 신분제가 흔들리고 상공업이 발달하면서 상인과 역관 중에 양반 못지않게 재력을 가진 사람들이 등장한다. 이들은 양반들의 문화를 흉내 내면서도 자신들만의 독특한 문화인 '여항문화'를 만들어냈다. 양반들처럼 이름난 화가가 그린 그림을 소유하고 골동품을 수집하거나 매화와 분재를 기르는 취미를 가진 것이다. 여항은 백성이 사는 민가의 골목을 뜻하는 단어로 그만큼 조선 후기의 문화가 다양해졌음을 뜻한다.

이들은 특히 문학 분야에서 두각을 나타냈다. 사실 양반 문화의 정수는 문학, 그중에서도 시라고 할 수 있다. 특히 정조 때 천수경과 왕태, 조수심 등을 중심으로 하는 문인들이 송석원 시사라는 모임을 만들면서 여항문학의 상징으로 자리 잡았는데, 이들은 주로 수성동 계곡이 있는 옥류동에 모여서 시를 짓고 문학을 즐겼다. 삶에 여유가 있어 양반들처럼 풍류를 즐기기는 하지만 결코 그들이 될 수 없다는 불안감과 자괴감은 시로 승화되곤 했다.

송석원시사가 여항문학의 상징으로 자리 잡으면서 참여하고자 하는 사람들이 늘었다. 그래서 일 년에 두 번 큰 규모의 시문 대회가 열렸는데 종이 위에 쓴 시로 벌이는 전쟁이라고 해서 '백전白戰'이라고 불렀다. 이들이 활동하면서 수성동 계곡은 양반들의 사랑방에서 시인들의 사랑방으로 탈바꿈하게 된다.

그런데 조선 시대 한양 사람들의 사랑을 듬뿍 받았던 이곳이 하마터면 역사 속으로 사라질 뻔했다. 1971년 이곳에 옥인동 시범 아파트가 들어선 것이다. 1960년대 경제발전이 본격화되면서 서울의 인구는 나날이 늘어갔다. 늘어난 인구만큼 살 집이 필요했는데 땅은 한정적이라 아파트를 대량으로 지었다. 서울 곳곳에 들어서는 아파트 개발의 손길을 이곳도 피해가지는 못했다.

아홉 개의 동에 308가구로 지어진 옥인동 시범 아파트는 시내 중심가와 가깝고 경치가 아름다워 인기가 좋았다. 이곳에 마을버스 정류장이 생긴 것도 아파트 때문이다. 하지만 그 탓에 조선 시대 시인들의 사랑을 듬뿍 받던 수성동 계곡은 콘크리트가 덮이면서 자취를 감추게 되었고, 한때 서울의 주택난을 해결하는 데 한몫을 담당했던 옥인동 시범 아파트는 시간이 지나면서 애물단지가 되어버렸다. 아름다운 인왕산 풍경을 가로막는다고 손가락질을 받은 것이다.

결국 2007년 아파트를 철거하고 공원으로 만들기로 결정했고, 2012년 아파트 철거가 마무리되면서 수성동은 다시 우리 품으로 돌아왔다. 그나마 다행인 것은 콘크리트를 덮어버리기만 해서 계곡은 크게 손상되지 않았다는 점이다.

## ❀ 하늘과 바람과 별을 노래하다

수성동 계곡을 둘러보고 내려가다 보면 오른편에 벽돌로 만든 3층 건물과 만날 수 있다. 지금은 카페와 음식점들이 들어와 있지만 이 건물은 일제가 세운 수탈기관인 동양척식주식회사의 공장 기숙사 건물이다.

이 건물의 정체를 알았을 때 수성동 계곡이 있는 서촌 깊숙한 곳까지 밀고 들어온 일본인들의 탐욕에 혀를 내둘렀다. 기숙사 건물답게 별다른 장식은 없지만, 처마 벽돌을 반 칸씩 바깥으로 빼서 쌓은 것이 눈에 들어온다.

이곳에서 조금 더 내려가면 한국인이 가장 사랑하는 비운의 시인 윤동주가 머물던 하숙집터가 나온다. 1917년 중국 길림성 명동촌에서 태어난 윤동주는 고향에 있는 명동 소학교를 다니다가 용정에 있는 외국인 학교에 다녔다. 그리고 1938년, 의사가 되라는 아버지의 반대를 무릅쓰고 연희전문학교 문과에 입학한다. 시인의 심장을 가지고 태어났던 그는 가슴에서 들려오는 시인의 박동 소리에 운명을 맡겼다.

윤동주가 연희전문학교에 다니던 시절에 지냈던 하숙집이 바로 서촌에 있다. 집은 비록 사라졌지만 흔적은 어렵지 않게 찾을 수 있다. 빨간 벽돌 담장에 태극기와 함께 '윤동주 하숙집이 있던 터'라는 글씨가 적힌 명판이 붙어있기 때문이다. 담장에는 예전 모습이 담긴 사진이 있어 잠시나마 그 시절을 떠올릴 수 있다.

엄혹했던 일제강점기 시절 끊임없이 고뇌하며 펜을 든 윤동주는 1942년 연희전문학교를 졸업하고 일본으로 유학을 떠난다. 하지만 다음 해 절친한 친구 송몽규와 함께 일본 경찰에 체포된다. 그리고 조선의 독립을 획책했다는 죄목으로 후쿠오카 감옥에 갇힌다.

윤동주는 해방을 반년 앞둔 1945년 2월 갑작스럽게 세상을 떠난다. 함께 갇혀 있던 송몽규는 자신과 윤동주가 이상한 주사를 맞았다고 면회객에게 털어놨다. 학계에서는 두 사람이 일본이 자행한 생체실험의 희생양이 된 것이 아닌가 추측하고 있을 뿐이다.

윤동주는 날개를 펴지도 못하고 비참하게 세상을 떠났지만 역설적으로 그의 시는 세상의 아름다움을 노래하고 있다. 일제강점기라는 시대의 아픔과 억울한 누명을 쓰고 감옥에 갇힌 슬픔조차 그의 가슴 속에 깃든 따스한 마음에는 상처를 내지 못한 듯하다.

친구인 정병욱이 그가 쓴 시들을 자신의 고향 집 마루 아래 숨겨놨다가 광복 이후 유고시집인 《하늘과 바람과 별과 시》로 묶어서 낸 것은 참으로 다행스러운 일이다.

## ❀ 미술관이 된 친일파의 저택

울적해진 마음을 잠시 접어두고 다시 서촌을 걷다 보면 아기자기한 가게들이 눈에 들어온다. 이태원이나 홍대와 같은 핫플레이스가 되면서 서촌 또한 음식과 상품을 판매하는 상점들이 곳곳에 자리를 잡은 것이다.

주말에는 직접 만든 장신구를 가져와 파는 프리마켓도 열린다. 좁은 길을 부지런히 오가는 마을버스를 피해 내려오다 보면 80년대에서 멈춘 듯한 구불구불한 골목길과 만나게 된다. 금세라도 골목길에서 뛰노는 아이들을 부르는 어머니의 목소리가 들릴 듯하다.

오래된 골목길을 걷다 보면 오른편에서 독특한 2층 저택을 만날 수 있다. 80년대 부자들이 살 것만 같은 이 집은 종로구립미술관이자 박노수 가옥이라고 불리는 곳이다. 박노수 화백은 현대 한국화 1세대를 대표하는 화가로 1927년 충청남도 연기군에서 태어났다. 어릴 때부터 미술에 관심이 있었던 그는 1946년 서울대학교 미술학부 첫 번째 입학생이 된다. 활발한 작품 활동을 하면서 미술계의 주목을 받았으며, 1954년 국전에 출품한 〈선소운〉으로 대통령상을 받았다. 당시 동양화로는 처음 수상한 것이라 주목을 받았다.

이화여자대학교와 모교인 서울대학교 강단에 서서 후학을 양성했던 그는 교수에서 물러난 이후 작품 활동에 매진했는데, 고전적인 화풍을 유지하면서도 다양한 실험적인 시도를 감행한 것으로 평가받고 있다. 박노수 가옥은 그가 1973년에 매입해 거주하면서 창작을 해왔던 곳이다. 1991년 서울시 문화재자료 제1호로 지정되었고, 2011년 박노수 화백의 뜻에 따라 작품과 고미술품을 전시하는 박노수 미술관으로 재탄생했다.

대문에서 바라본 저택의 모습은 고풍스럽고 휘황찬란하다. 현관의 포치를 비롯해 전체적으로 서양식으로 지어졌는데 1층은 붉은 벽돌로, 2층은 나무에 흰색 페인트가 칠해져 있어 절묘한 대비를 이룬다. 박노수 가옥은 언뜻 보면 서양식 주택으로 보이지만 자세히 뜯어보면 한옥과 일본식 가옥의 영향을 받았음을 알 수 있다. 튀어나온 2층 창문과, 암키와와 수키와가 일체화된 지붕의 걸침기와에서는 일본식 가옥의 냄새가 풍기고, 2층 창문을 받치는 대들보는 한옥의 그것과 닮았다. 2층 미닫이창 옆에 있는 마름모 형태의 창에서는 중국식 가옥의 이미지도 엿보인다. 내부 역시 벽난로와 온돌이 공존하고 있다.

서양과 일본, 그리고 우리 것이 뒤섞인 박노수 가옥의 안팎은 1930년대 우리가 처한 상황을 말없이 보여준다. 원래 이 집은 친일파 윤덕영이 딸과 사위를 위해 1938년에 지어준 것이다. 설계자는 조선총독부 건축과에서 일하던 박길룡으로 조선인으로서는 드물게 일제강점기에 활약했던 건축가이다.

내부는 가운데를 가로지르는 긴 복도로 나뉘어지는데, 복도 오른편에는 거실과 방이 있고 뒤뜰과 접한 왼편에는 부엌과 식당, 화장실 등이 있다. 거실과 안방 사이에는 접는 문이 있어서 필요할 때는 접어서 공간을 확장할 수 있다. 군데군데 벽난로를 놔서 서구적인 분위기를 연출했다. 2층은 침실과 창고, 화장실로 구성되어있으며 현재는 박노수 화백의 작품을 전시하는 공간으로 사용하고 있다.

사실 박노수 가옥의 참모습은 사진 촬영이 금지된 내부보다 원래 있던 언덕을 깎아서 없애지 않고 계단을 만들어 자연스럽게 후원으로 편입시킨 정원과 뒤뜰에 있다. 중국이나 일본처럼 담장을 두르고 땅을 파헤쳐 정원을 만드는 대신 경치 좋은 곳에 정자를 짓고 눈에 보이는 곳 전부를 정원으로 삼은 우리 조상들의 지혜를 따른 것이다.

계단을 밟고 올라가면 박노수 가옥의 전체적인 모습이 내려다보이는데, 정문에서 볼 때보다 조금 더 입체적으로 느껴진다. 박노수 가옥의 뒤뜰에는 야트막한 창고 겸 장독대가 있다. 나중에 만들어졌을 이 공간은 1970~80년대 동네 집마다 흔히 볼 수 있는 장소라 할 수 있다. 허리를 굽혀야만 들어갈 수 있는 작

박노수 가옥

은 창고의 평평한 지붕은 장독대로 이용되었고, 햇볕이 따뜻한 날이면 장독대 지붕으로 올라가는 계단에 잠자리들이 내려앉아 날개를 접고 잠시 쉬어갔을 것이다.

비록 친일파가 만들었지만 화가의 집이 되고 미술관으로 바뀌는 과정은 파란만장했던 우리 근대사를 상징적으로 보여준다. 소정의 입장료를 내면 내부는 물론 잘 꾸며진 정원을 놀아볼 수 있으므로 내부를 돌아보고 난 뒤에는 뒷동산과 장독대를 꼭 둘러보길 권한다.

조금 더 내려가면 통인시장 사거리가 나온다. 엽전으로 도시락을 살 수 있는 곳으로 유명한 통인시장은 1941년에 만들어졌다. 처음에는 인근에 사는 일본인들을 위한 공설시장이었지만 광복 후에는 우리나라 사람들을 위한 시장으로 바뀌었다. 오늘날에도 수십 개의 가게가 시장 안에 있는데 맛있는 반찬을 파는 곳이 많다. 배가 고프다면 엽전으로 반찬을 사서 먹어도 좋고 시장 입구에 있는 팔각정에서 지친 다리를 쉬게 해주는 것도 좋다. 하지만 그 전에 가야 할 곳이 있다.

### ✿ 벽수산장의 돌기둥

통인시장 입구에서 왼쪽 오르막길을 오르다가 왼쪽 첫 번째 골목으로 발걸음을 돌리면 빌라와 다세대 주택이 나온다. 거기서 조금 더 들어가 오른쪽 골목을 보면 뜬금없는 돌기둥이 하나 나타난다. 어라? 하는 기분으로 주변을 돌아보면 맞은편에 좀 더 길쭉한 돌기둥이 하나 더 보일 것이다. 다세대 주택은 둘째 치고 아스팔트 도로와도 어울리지 않는 이 돌기둥이 이곳에 있는 사연은 무엇일까?

사실 이곳은 윤덕영이 10년에 걸쳐 지었다는 벽수산장이 있던 곳이다. 조선의 마지막 왕비인 순정효황후의 큰 아버지이기도 한 그는 순종을 협박해서 한일 강제병합을 성사시킨 인물이다. 이렇게 열성적으로 매국 행위를 한 윤덕영은 그 공로를 인정받아 막대한 은사금을 받았고, 그 은사금으로 서촌 일대의 땅을 매입해 프랑스풍의 3층짜리 서양식 저택을 짓는다. 지금은 존재하지 않아 사진 몇 장으로만 그 규모를 추측해볼 수 있을 뿐이지만, 사진을 보면 벽수산장 외벽은 붉은색 벽돌로, 모서리는 하얀색 화강암을 쌓아 선명한 대조를 이룬다. 창문이 길고 지붕이 급경사로 되어있어 실제보다 높아 보였을 것이다. 1층의 포치는 앞으로 길게 나온 형태인데 첫 번째와 두 번째 기둥 사이의 간격이 넓은 걸 보면 자동차가 주차할 수 있도록 설계된 것이다. 포치의 지붕은 2층 베란다 공간으로 이용되었다.

외부와는 달리 내부는 남아있는 사진이 없다. 다만 당구장과 찜질방, 그리고 상당한 규모의 어항이 있었다고 전해진다.

벽수산장이 세워진 윤덕영 저택의 규모는 무려 3천 평에 달하고, 벽수산장 외에 한옥과 정자 같은 부속건물이 열 동도 넘게 지어졌으며, 수백 평 규모의 연못이 있는 엄청난 정원이 조성되었다고 한다. 독일인이 공사를 감독했고 중국인 기술자들이 만들었다고 하는데 규모가 큰 탓에 1930년대까지 공사가 끝나지 않아 손가락질을 많이 받았다. 윤치호는 자신의 일기에 범죄행위라고까지 말할 정도였다.

앞서 봤던 박노수 가옥은 이 벽수산장 앞에 지어진 것으로 두 개가 함께 있는 사진을 보면 벽수산장이 얼마나 큰지 짐작할 수 있다. 박노수 가옥의 뒷동산에는 벽수산장과 연결된 길이 있다고 전해진다.

당시 사람들은 하늘을 찌를 것 같은 뾰족한 지붕과 첨탑 때문에 벽수산장을 뾰족집이라고 부르거나, 엄청나고 호화로운 모습에 아방궁이라고 불렀다. 어쨌든 서촌 한복판이면서 인왕산 자락에 지어졌기 때문에 사람들에게 깊은 인상을 남겼다.

저택 내부도 대규모 정원이 조성될 만큼 넓은 공간이었는데 벚나무와 소나무 등이 심어졌다고 전해진다. 정문에서 벽수산장까지 가는 길 좌우에는 나무들이 심어졌고, 뒤로는 한옥들이 줄줄이 자리 잡았다. 벽수산장 앞에 조성된 광장은 서구나 일본의 영향을 받은 것으로 보인다.

컬러 사진으로 남아있는 벽수산장을 보면 그 웅장함과 섬세함을 조금이나마 느낄 수 있다. 암록색의 인왕산과 묘하게 대비가 되는 붉은색 몸통과 칼날 같은 지붕라인이 인상적이다. 부드러운 한옥 지붕에 익숙한 조선 사람에게 서양식 주택의 뾰족한 지붕라인은 참으로 어색했을 것이다.

윤덕영이 온갖 비난을 들어가면서 지은 이 집을 훗날 양자 윤강로는 일본 회사인 미쓰이에 팔아넘긴다. 막대한 관리비를 감당하지 못했기 때문이다.

윤덕영이 이곳에서 머물렀던 시절에는 홍만자회라는 중국 신흥종교 단체의 조선지부 건물로 쓰이기도 했다. 1920년 중국 산동성에서 시작된 이 종교는 유교와 도교, 기독교와 불교, 이슬람교의 교리를 혼합한 독특한 교리를 가지고 있었으며, 수십만의 신자들이 활동했다. 홍만자회는 중국은 물론 일본과 홍콩, 조선 등지에서도 활동했는데, 윤덕영이 홍만자회 조선지부장이었기 때문에 벽수산장이 자연스럽게 조선지부 본부로 쓰인 것이다. 그래서 정문에 일장기와 홍만자기를 교차해서 내건 사진이 남아있다.

광복 이후 벽수산장은 덕수병원으로 쓰였다가 미군 장교클럽으로 사용되었다. 6.25 때는 남침한 북한군에 의해 사용되기도 했다. 한국전쟁 후에는 국제연합한국통일부흥위원회, 영문 약자로 줄여서 언커크UNCURK(United Nations Commission for the Unification and Rehabilitation of Korea) 본부로도 사용되었다. 그래서 한때 이 지역 도로 명칭이 언커크 길이었던 적이 있다.

광복 이후에도 눈에 띄는 독특한 건물이었기 때문일까? 1956년 이용민 감독이 찍은 영화 〈서울의 휴일〉에도 벽수산장

벽수산장 오른쪽 돌기둥

벽수산장 왼쪽 돌기둥

벽수산장 돌담

이 등장한다. 제목부터 〈로마의 휴일〉을 노골적으로 베낀 이 영화에서 벽수산장은 오드리 헵번처럼 입은 여주인공 너머로 화면이 잡힌다.

벽수산장은 1966년 지붕을 수리하던 중에 화재가 발생했고 계속 방치되다가 1973년 도로정비사업으로 철거되었다. 철거된 자리는 집들이 들어서고 도로가 깔려 한 사람을 위한 집에서 만인을 위한 공간으로 변모하였다.

지금 남아있는 것은 정문에서 벽수산장으로 가는 길에 있는 돌기둥 두 개와 벽돌 담장 일부뿐이다. 다리 입구를 장식했을 돌기둥과 담장의 흔적을 보고 있노라면 비정상을 정상으로 돌려놓는 역사의 힘이 새삼스럽게 느껴진다.

### ❀ 이상의 꿈이 머물던 곳

통인시장이 있는 사거리를 지나서 더 내려가면 전파상부터 피아노 학원, 분식집까지 80년대에서 시간이 멈춰버린 것 같은 거리와 만날 수 있다. 중간에 실핏줄처럼 이어진 좁은 골목 안쪽에는 옛날 한옥이 드문드문 남아있다. 정신없이 바쁘게 돌아가는 일상을 뒤로하고 이곳에 들어서면 마치 시간이 정지해버린 것 같은 느낌을 받는다. 사람들이 서촌을 사랑하는 이유 또한 시간이 느리게 흘러가기 때문이리라.

통인시장 아래 골목

이상의 집

빨라야 할 이유가 없는 이 거리를 걷다 보면 한옥과 통유리라는 다소 어색한 조합과 만날 수 있다. 처마 아래에는 수줍은 글씨체로 '이상의 집'이라고 적혀 있다. 시인 이상이 머물던 집을 작은 문화공간으로 꾸며놓은 곳이다.

비운의 천재 시인이라고 일컬어지는 이상의 본명은 김해경이다. 그는 시인이라는 이미지와는 달리 경성고등 공업학교를 졸업하고 총독부 건축과에서 잠시 일한 적이 있다. 하지만 건강도 안 좋고 적성에도 맞지 않았는지 건축과를 나온 이후 본격적으로 시인의 길을 걷는다. 그러나 그가 발표한 〈오감도〉나 〈건축무한육면각체〉는 난해하다는 이유로 당시에는 외면을 받았다.

기생 금홍과 동거하면서 다방을 운영하던 그는 1937년 일본으로 건너갔다가 체포된다. 곧 풀려나긴 했지만 건강이 악화되면서 그해 4월 그는 세상을 떠나고 말았다. 이곳은 이상만큼이나 기구하고 굴곡진 역사를 가지고 있다.

원래 이곳은 이상이 큰아버지의 양자로 들어간 세 살부터 약 20여 년간 거주했던 곳으로 알려졌다. 하지만 조사 결과 원형이 훼손되었다는 사실이 밝혀졌다. 원래 약 300평에 달하는 넓은 공간이었는데 이상이 떠난 후 잘게 분할되어서 팔려나갔기 때문이다. 지금 남아있는 이상의 집도 사실 이상이 살던 곳이 아니라 나중에 만들어진 도시형 한옥의 일부분이라고 한다.

이런 사실이 밝혀지면서 이상의 집은 2008년 문화재 지정이 취소되었다. 사라질 뻔한 이곳을 보존시킨 이는 바로 우리 국민이었다. 2009년 문화유산국민신탁이 인수하고 시민 모금과 기업의 후원을 받아 보존한 것이다. 2018년 하반기에는 라이엇 게임즈의 후원으로 새 단장을 했다.

통유리로 된 문을 열고 안으로 들어가면 카페처럼 꾸민 공간이 나온다. 커피나 음료수를 무료로 마실 수 있으니 쉬었다 가도 좋다. 이상에 관한 자료도 잘 정리되어있다.

정면에 있는 커다란 문을 열고 계단을 올라가면 이상의 집을 내려다볼 수 있는 작은 테라스가 나온다. 이곳에 서서 이상의 시 한 구절을 읊어보는 것도 좋겠다.

서촌에 올 때마다 마치 우리 역사가 지층처럼 쌓여있다는 생각을 해본다. 조선 시대 선비들의 사랑을 받았던 수성동 계곡부터 일제 침략의 아픔을 느낄 수 있는 벽수산장의 흔적, 윤동주와 이상이라는 걸출한 시인의 숨결이 묻어있는 곳까지 시대를 관통하는 흐름을 한 번에 느낄 수 있기 때문이다. 역사는 수많은 어제가 모여 만들어진다. 서촌에서는 역사가 되어버린 어제의 삶을 자연스럽게 만날 수 있다.

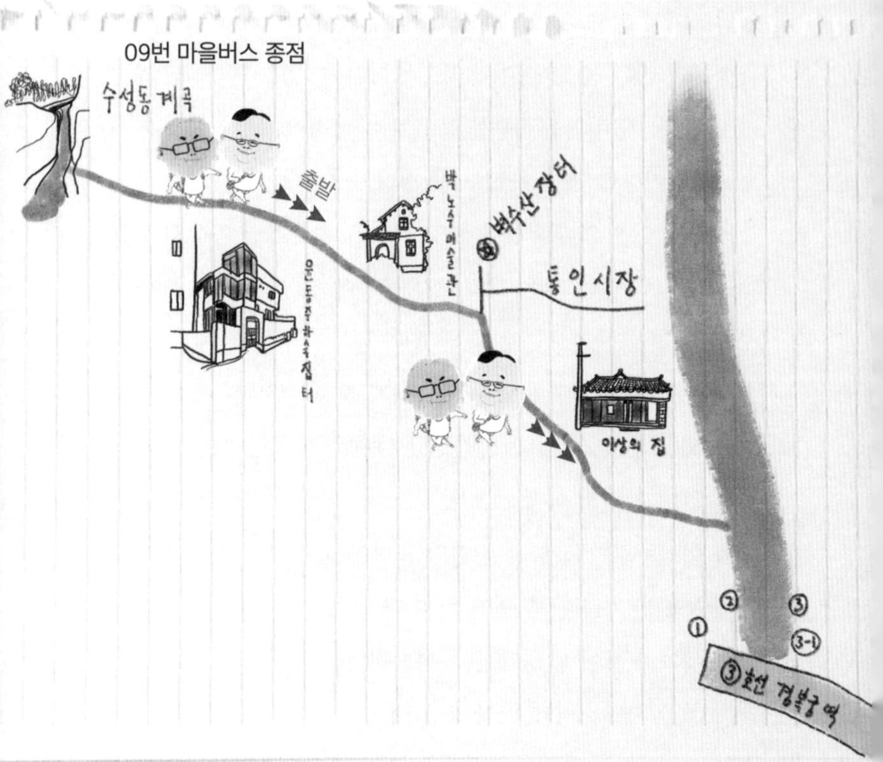

09번 마을버스 종점
수성동 계곡
출발
윤동주 하숙집 터
박노수 미술관
벽수산장 터
통인시장
이상의 집
①
②
③
3-1
③호선 경복궁역

❀ 이곳으로 가는 길

보통 서촌으로 간다고 하면 경복궁역 2번 출구로 나와서 서촌 입구라고 하는 자하문로 7길을 따라 올라가는 것을 의미한다. 하지만 프레스센터 앞에서 종로 09번 마을버스를 타고 종점인 수성동 계곡까지 가서 거꾸로 내려오는 것이 더 편하게 둘러보는 방법이다.

그렇게 하면 윤동주 하숙집터, 박노수 미술관, 벽수산장 돌기둥과 돌담, 이상의 집을 차례로 볼 수 있다. 서촌은 골목길 자체도 예쁘거니와 재미난 물건을 파는 상점과 맛있는 음식을 파는 음식점이 많기 때문에 약간 늦은 점심이나 이른 저녁을 먹기에도 알맞다.

❀ 근처에 가볼 만한 곳

서촌이 세종마을이라 불린 이유는 바로 세종대왕이 태어난 곳이기 때문이다. 그 흔적은 사라졌지만 표지석은 남아있다. 서촌 입구인 자하문로7길 초입에 있는 우리은행 효자동 지점에서 자하문 방향으로 걷다 보면 길가 화단 사이에 '세종대왕이 태어난 곳'이라는 표지석을 찾아볼 수 있다.

서촌에도 음식점이 많지만 경복궁역 2번 출구 근처에 있는 세종마을 음식문화 거리에도 음식점이 많다. 세종마을 음식문화 거리 근처에는 사직단이 남아있다. 토지와 곡식의 신에게 제사를 지내는 곳으로 종묘와 더불어 국가를 상징하는 위상을 가지고 있는 곳이다. 실제로는 홍살문에 둘러싸인 야트막한 제단 두 개가 전부이므로 큰 기대는 접고 가길 바란다.

네번째 산책

# 소나무와 달이 있는 길

경희궁과 돈의문 박물관 마을,
경교장과 홍난파 가옥, 딜쿠샤

**여름 끝 시원한 홍난파 가옥 앞 공원**

홍난파 가옥은 예쁜 카페 같은 모습으로 다소 생뚱맞은 위치에 어색하게 남아있는 모습이라 나는 차라리 근처 성벽이나 산책로에 관심을 두었다. 여름 끝에 더위는 한 풀 꺾일 만도 한데 40도를 넘나드는 여름의 권위는 쉽사리 물러나지 않을 것 같다. 오히려 더위에 미친 듯 작렬하는 나무며 풀들이 시원한 느낌이라 좋다. 그 뒤로 보이는 모범생처럼 반듯한 브랜드 아파트의 푸른빛도 시원하다. 여름의 끝자락,홍난파 가옥이 덩그런 공원에서 시원한 답사를 즐겼다.

## 충분히 부끄럽고 뜨겁기를

처음 왔을 거라 생각한 박물관마을 골목은 낯익은 모습이었다. 그러니까 20년도 더 전의 기억이 떠오른 것이다. 유명한 파스타집이 있다 하여 당시 연인에게 끌려오듯 왔었는데, 정확한 가게터는 찾을 수 없었고 나는 처음 맛봤던 파스타의 그 미끄럽고 밍밍한 느낌만 떠올랐다.

이번 일은 역사를 그리는 기행인데, 나는 이 골목에서 나의 지난 역사만을 찾았다. 부끄러워 꽃 같던 어릴 적 연애는 지금 다시 생각하니 그냥 부끄러울 뿐이고, 부끄럽도록 서툰 연인들은 지금도 이 골목에서 꽃 같은 중이다. 나는 누구라도 지난 연인에 대해 감사해야 한다고 생각한다. 그 서툴던 경험 덕분에 지금의 사랑이 견고해질 수 있었으니.

이날 골목에서 만난 서툰 연인들도 부디 충분히 부끄럽고 뜨겁기를, 부끄러울 역사를 충실히 쌓아 올려 앞으로의 누군가에게 유연할 수 있기를 바랐다.

행복한 마음의 궁전 "딜쿠샤"
DILKUSHA 1923
"여호와께서 집을 세우지 아니하시면
세우는 자의 수고가 헛되며
여호와께서 성을 지키지 아니하시면
파수꾼의 깨어 있음이 헛되도다"

## ✿ 정동 너머

정동 여행길은 대개 경향신문사에서 끝을 낸다. 차들이 무지막지한 속도로 달려가는 새문안로가 흡사 DMZ 같은 느낌을 주기 때문이다. 그래서 나 역시 오랫동안 정동 너머로는 가보지 않았다. 새문안길 맞은편에 보이는 송월길이 좁은 오르막길인 것도 발걸음이 내키지 않은 이유 중 하나였다.

그러다가 정동 너머를 조심스럽게 탐색하기 시작한 계기는 바로 경희궁 때문이었다. 지금은 경희대학교나 '경희궁의 아침'이라는 오피스텔보다 인지도가 떨어지지만 조선 시대에는 여러 임금의 사랑을 받았던 궁궐이었다. 다만 구한말에 접어들면서 여러 가지 이유로 훼손되고, 일제강점기에 일본인 학생들을 위한 경성중학교가 세워지면서 흔적을 찾아보기 어려운 우리의 역사가 되었다. 그 탓에 지금은 새문안길 옆, 도심 한복판에 있으면서도 존재감이 희미해진 게 사실이다.

경희궁 또한 덕수궁처럼 궁궐이 아니었고, 원래 이름도 경희궁이 아니라 경덕궁이었다. 경덕궁 이전에는 종친인 정원군의 사저였다. 덕수궁이 월산대군의 사저였던 것처럼 말이다. 그렇다면 경희궁은 어떻게 궁궐이 되었을까?

## ❀ 잊힌 궁궐, 경희궁

먼저 사연 많은 흥화문을 통해 경희궁 안으로 들어가 보도록 하자. 흥화문은 원래 경희궁의 정문이었고, 원래 위치는 복원된 금천교 너머, 지금의 구세군 빌딩 자리다. 1932년, 일본은 안중근 의사에게 처형당한 이토 히로부미를 위해 박문사라는 사당을 세운다. 그러면서 경희궁의 정문이었던 흥화문을 박문사 정문으로 쓰기 위해 옮겨간다. 조선 임금이 살던 궁궐의 정문을 초대 통감을 지낸 이토 히로부미의 사당 정문으로 사용한다는 것은 다분히 의도적이라 할 수 있다.

광복이 되고 박문사가 사라진 후에도 흥화문은 경희궁으로 돌아오지 못했다. 그 자리에 세워진 신라호텔 정문으로 내내 사용되다가 1988년에야 돌아올 수 있었다. 하지만 원래 있던 곳은 이미 구세군 빌딩이 세워진 상태이고 할 수 없이 지금의 위치에 자리를 잡아야만 했다. 흥화문의 기구한 사연은 경희궁, 나아가서는 구한말과 일제강점기 시절 우리 민족이 겪은 설움을 함축적으로 보여주는 듯하다.

이런 아픔을 잠시 잊는다면 흥화문은 꽤 예쁜 문이다. 네 개의 기둥에 의해 받혀진 전면은 시원하게 뚫려 있고, 용마루에서 처마까지 일직선으로 뻗은 우진각 지붕은 경쾌하고 날렵하다. 이곳을 지나 안으로 들어가면 광장 같은 공간과 그 너머 전각들이 보인다. 경희궁을 처음 본 사람들은 이쯤에서 크게 실망한다. 그래도 명색이 궁궐인데 남아있는 것이 양반집과 다를 바가 없기 때문이다.

경희궁도 예전에는 궁궐 앞 텅 빈 곳 전체에 전각들이 자리 잡고 있었다. 뿐만 아니라 규모도 지금보다 훨씬 더 넓었다. 물론 그런 점을 참작해도 경희궁은 궁궐치고는 그다지 넓어 보이진 않는다. 그 이유는 원래부터 이곳은 궁궐이 아니라 선조와 인빈 김씨 사이에서 태어난 정원군의 사저였기 때문이다.

정원군은 능양군과 능원군, 능창군 세 아들을 두었다. 그중 친형인 신성군의 양자로 갔던 능창군이 '신경희의 역모'에 연루되어서 교동도로 유배를 가게 되었다. 일반적인 유배가 아닌 가시나무를 집 주변에 꽂아서 바깥출입을 못하게 하는 위리안치형에 처했는데 몇 달 후, 능창군은 유서를 남기고 스스로 목숨을 끊었다.

그 소식을 듣고 충격에 빠진 정원군은 술로 시름을 달랬다.

졸지에 막냇동생을 잃고 아버지가 폐인이 되는 것을 지켜본 큰아들 능양군은 엄청난 충격을 받았다. 하지만 그걸로 끝이 아니었다. 1616년, 광해군이 별안간 그의 집을 빼앗아버린 것이다.

비록 반정으로 폐위되기는 했지만 광해군은 여러 가지 업적을 남긴 왕이다. 하지만 궁궐의 증축에 지나치게 집착하고 주변을 의심해 끊임없이 옥사를 일으켜 수많은 사람을 죽였다는 점은 비판의 대상이 되고 있다. 특히 임진왜란의 충격이 가시기도 전에 새로운 궁궐을 지어 나라 재정에 막대한 부담을 안긴 것은 가장 큰 실정에 꼽힌다.

창덕궁을 보수하긴 했지만 광해군은 여러 가지 이유로 그곳에 머물기를 꺼렸다. 그래서 인왕산 자락에 인경궁이라는 궁궐을 지었다. 그런 와중에 정원군의 집에 왕기가 흐른다는 얘기를 듣고는 그곳에 또 궁궐을 짓기로 한다. 졸지에 살던 집에서 쫓겨난 정원군은 시름시름 앓다가 세상을 떠났고, 아버지까지 잃은 능양군은 광해군에 대한 복수를 다짐한다. 그런 일은 생각지도 못한 광해군은 대신들을 독촉해 정원군의 집에 궁궐을 짓도록 했고, 1620년에 완성된 이 궁궐의 이름을 경덕궁이라 하였다.

하지만 종친을 쫓아내고 궁궐을 지었던 광해군은 임금의 자리에서 쫓겨나고 만다. 아버지와 막냇동생을 잃고 집까지 빼앗긴 능양군이 인조반정을 주도한 것이다. 어찌 보면 정원군의 아들 능양군이 왕위에 올랐으니 그의 집에 왕기가 있다는 말은 사실인 셈이다.

인조반정은 경덕궁의 운명도 바꿔놨다. 반정의 와중에 애써 보수한 창덕궁이 잿더미가 되어버렸고, 다음 해에 일어난 '이괄의 난' 때 창경궁까지 불타버렸기 때문이다. 덕수궁이 있긴 했지만 남쪽에 치우쳐 있고, 인목대비를 유폐시킬 정도로 작아서 왕궁으로 쓸 수가 없었다.

결국 남은 건 정원군의 사저였다가 궁궐이 된 경덕궁밖에 없었다. 인조 입장에서는 자신의 집이나 다름없는 곳이니 마음이 편했을지도 모르겠다. 이후 경덕궁에는 경종과 영조, 정조가 머물렀다. 숙종은 이곳에서 태어나 이곳에서 세상을 떠났다.

경덕궁에서 경희궁이라고 이름이 바뀐 것은 영조 때였다. 화병으로 세상을 일찍 떠났지만 아들이 왕위에 오른 덕분에 대원군이 되고 원종으로 추증된 정원군의 시호가 경덕이라서 같은 이름을 피하기 위해 경희궁으로 바꾼 것이다.

경희궁은 경복궁의 서쪽에 있어 서궐이라 불리기도 했는데 창덕궁이 경복궁의 동쪽에 있어서 동궐이라고 불린 것과 비슷하다. 경복궁이 재건되지 못했던 조선 후기 동안 서궐인 경희궁은 동궐인 창덕궁과 함께 조선의 궁궐 노릇을 톡톡히 해냈다. 정조에 대한 암살 미수 사건이 벌어진 곳도 바로 경희궁 존현각이다. 조선왕조에서 임금에 대한 직접적인 암살 시도는 이것이 최초이자 마지막이었다.

경희궁

나름 잘 나가던 경희궁의 운명에 그림자가 드리워진 것은 19세기 후반부터였다. 임금들이 경희궁 대신 창덕궁에 머무는 시간이 길어졌고, 결정적으로 흥선대원군이 경복궁을 중건하면서 경희궁의 위상이 애매모호해졌기 때문이다. 경복궁이 정궁이 되고 창덕궁이 이궁이 되면서 경희궁은 필요가 없어졌다. 설상가상으로 경복궁 중건에 필요한 목재와 기와를 얻기 위해 경희궁의 전각들을 허물었으니, 결국 경희궁은 궁궐로서의 위상을 빠른 속도로 잃고 말았다.

## 사라진 궁궐

이런 사연을 알고 나면 궁궐답지 않게 작은 경희궁이 사뭇 달라 보인다. 구한말에 급속도로 위상이 추락한 경희궁에 결정타를 날린 것을 일제강점기가 되자마자 이곳에 세워진 경성중학교다. 급속도로 늘어난 일본인의 자식들을 교육할 공간이 필요하다는 명목으로 궁궐에 자리를 잡았는데, 그러면서 남아있던 경희궁의 흔적들이 이곳저곳으로 흩어졌다.

흥화문은 박문사의 정문이 되어버렸고, 정전인 숭정전은 일본사찰이 매입해서 옮겨버려 현재는 동국대학교 법당으로 쓰이고 있다. 그렇게 하나둘 흔적이 사라지면서 경희궁에 대한 기억도 사라져갔다. 광복 이후에도 경희궁은 돌아오지 못했다.

경성중학교는 사라졌지만 서울고등학교가 대신 들어섰고, 서울고등학교가 강남으로 이전한 후에는 서울역사박물관과 서울시 교육청이 들어섰다. 남은 땅은 현대건설에 매각되었다(현대건설은 이곳에 그룹 사옥을 지으려고 했지만 여러 가지 이유로 포기하고 만다.).

본격적인 발굴과 복원 작업은 1980년대 후반부터 이루어졌다. 우선 발굴 작업을 통해 전각의 위치와 크기를 확인하고, 정전인 숭정전을 시작으로 전각들을 복원했다. 하지만 원래의 영역이 많이 축소되고, 다른 건물들이 들어오는 바람에 완전한 복원은 불가능한 상태다.

현재 복원된 전각들은 정전인 숭정전과 편전인 자정전, 영조의 어진을 복원한 태령전과 주변의 회랑 정도다. 그래서 흥화문으로 들어와서 정면에 보이는 숭정문의 계단을 통해 숭전전과 주변 전각들을 돌아보면 경희궁 전부를 돌아보는 셈이 된다.

경희궁에서는 다른 궁궐에서는 볼 수 없는 볼거리가 하나 있다. 태령전 뒤편 암석에 있는 '서암'이라는 샘물이다. 이곳에 왕기가 흐른다고 했던 이유도 바로 이 바위 때문이다. 올라가 보면 마치 지붕처럼 툭 튀어나온 바위 아래에서 물이 솟아 나오는 걸 볼 수 있다. 바위를 쪼아서 물줄기가 아래로 흐르도록 했는데 다른 궁궐에서는 볼 수 없는 모습이다. 이곳은 원래 '왕암'이라 불렸으나 숙종에 의해 상서로운 바위라는 뜻의 '서암'이라는 새로운 이름을 얻었다.

돌아볼 만한 곳이 많지 않아서인지 대부분 관람객이 사진 몇 장 찍고는 떠나버리지만, 사실 경희궁의 역사는 이곳보다는 바로 옆에 있는 돈의문 박물관 마을에서 더 많이 찾아볼 수 있다.

## ❀ 기억이 모여 마을을 이루다

경희궁을 나와 바로 옆에 있는 돈의문 박물관 마을에 가면 새로운 역사와 만날 수 있다. 경희궁이 조선 시대와 한말, 대한제국 시기를 이야기한다면 돈의문 박물관 마을은 현대, 그중에서도 사람들이 가장 많이 추억하는 70년대와 80년대의 흔적을 가지고 있다.

비탈길을 오르고 마을 안내소를 지나 마을 마당에 도착하면 이곳이 왜 박물관이 아니라 박물관 마을인지 알 수 있다. 주변에 한옥부터 양옥이라고 부르는 최근 건물들이 제각각 자리를 잡고 있기 때문이다. 그래서 이곳을 근현대 100년의 기억이 저장된 장소라고 말하기도 한다.

돈의문 박물관 마을 앞의 도로가 새문안길이 된 것은 지금은 사라진 돈의문 때문이다. 사대문 중 가장 나중에 지어진 돈의문을 '새문'이라고 부르면서 그 안쪽 길은 새문안길이 되었다. 한문으로는 고상하게 신문로新門路로 쓰이지만 새문안길의 흔적은 새문안로라는 도로 명칭에서부터 새문안교회까지 여기저기에서 찾아볼 수 있다.

돈의문은 일제강점기에 철거되면서 흔적도 없이 사라졌다. 철거한 명분은 교통에 방해가 된다는 것인데 그런 명분을 내세울 만큼 통행량이 많았던 것은 사실이다. 오가는 사람들이 많던 새문안길 주변은 교회 같은 종교시설부터 사람들이 사는 집들이 빼곡하게 들어찼다. 특히 사거리 주변의 구릉 지역이었던 이곳에는 집들이 겹겹이 쌓였다. 이때 지어진 집의 대부분은 도시형 한옥이었다.

광복 이후 1960~70년대에는 풍경이 살짝 바뀐다. 중고등학교 학생들을 대상으로 과외가 성행하면서 오가기 편리한 이곳에 과외방들이 우후죽순처럼 생겨난 것이다. 집들도 우리가 양옥이라고 부르는 서양식 주택으로 변모해갔다. 과외 금지령이 내려지고 학교들이 강남으로 이전한 1980년대에는 과외방들이 사라지고 그 자리에 살림집과 음식점이 뒤섞였다. 주변에 병원과 방송국을 비롯한 회사들이 들어서면서 자연스럽게 직장인들의 점심 식사를 해결할 장소가 된 것이다.

나에게 이곳의 첫 기억은 교정지를 가져온 편집자와의 만남이다. 바짝 긴장한 채 미로처럼 구불구불한 골목길 안쪽으로 들어간 기억이 난다. 이후 이곳은 돈의문 뉴타운 재개발 사업 대상지구로 지정되었지만 세입자들과의 첨예한 대립 끝에 기억을 보존하기로 한다. 예전 같았으면 몽땅 밀어버리고 커다란 전시관을 지어버렸겠지만 최대한 리모델링을 하지 않고 전시관들로 꾸미기로 한 것이다. 몇 년간의 공사 끝에 만들어진 것이 지금의 돈의문 박물관 마을이다. 기억이 모여 마을을 이룬 셈이랄까.

마을 마당에 들어서서 왼쪽으로 가면 돈의문 전시관이 나온다. 입구에 들어가면 경희궁의 궁장을 발굴한 흔적이 그대로 재현되어있다. 서울 시민청 지하의 '군기시軍器寺' 유적과 같은 방식이다(군기시는 조선 시대 무기제조 기관이다. 신청사를 짓기 위해 땅을 파던 중 발굴한 모습 그대로 군기시 유구를 재현해놓았다.). 안으로 들어가서 오른쪽으로 들어서면 돈의문 부근 지역의 예전 사진과 유물들을 만날 수 있다. 서대문 형무소에서 죄수들이 만든 벽돌을 보면 지나간 역사의 섬뜩함이 느껴진다. 처음 등장했을 때 사람들이 쇠당나귀라고 불렀던 전차의 모형도 눈길을 끌지만 이곳에서 가장 눈에 띄는 것은 경희궁의 모습을 그린 서궐도이다.

창덕궁을 완벽하게 그린 동궐도에 비해 서궐도는 밑그림만 그려진 도안의 형태로만 남아있었다. 거기에 채색을 더한 것이 지금 우리가 보는 서궐도다. 슬프지만 경희궁은 앞으로도 예전의 모습을 찾기는 어려울 테니 서궐도를 보면서 그 당시를 떠올리는 수밖에는 없다. 다행스럽게도 서궐도는 아주 크고 화려하게 만들어져 보는 눈이 즐겁다.

전차 모형 뒤편으로 가면 2층으로 올라가는 계단이 숨어있다. 여기를 올라가면 좀 더 요즘과 가까워진다. 과외방 전성시대를 소개하는 영상을 보고 넘어가 보자. 돈의문 박물관 마을의 정교한 모형을 볼 수 있다. 전시관으로 사용되는 공간은 아지오라는 음식점이었는데 제법 유명했는지 관람객 중에 이곳을 기억하는 사람들이 제법 있다. 아지오 2층은 옆 건물 2층으로 연결되는 다리가 놓여있어 한정식집이었던 '한정'으로 곧장 갈 수 있다. 한정의 창문에서는 한옥의 지붕 선을 그대로 사진에 담을 수 있다.

그 밖에도 돈의문 박물관 마을에는 이곳저곳 아기자기한 구경거리들이 많이 있다. 초기에는 비싼 입장료를 받았지만 현재는 무료 관람이 가능하니 오가다 마음껏 즐기길 바란다. 충분히 둘러보고 난 후에는 마을 안내소 옆으로 나와 길을 건너도록 하자. 길 건너편은 강북삼성병원이다.

강북삼성병원 안에는 병원 건물과는 전혀 어울리지 않는 낯선 건물이 하나 있다. 바로 임시정부 마지막 청사이자 백범 김구 선생이 안두희의 흉탄에 최후를 맞이한 경교장이다.

### ✿ 임시정부의 마지막 청사, 경교장

경교장의 원래 이름은 죽첨장이다. 금광왕인 최창학이 1938년에 지은 주택이다. 광복 후에는 중국에서 귀국한 백범 김구 선생의 거처로 사용되면서 임시정부 국무회의가 열리기도 했다. 친일파가 세운 저택에 임시정부 수장이 머물고, 국무회의가 열렸다는 것은 우리 근현대사의 아픈 단면이라 할 수 있다. 이곳에 머물게 된 백범 김구는 일본 색이 짙은 죽첨장이라는 이름 대신 경교장이라는 새로운 이름을 지어주었다. 근처에 있는 경구교를 줄여 따온 것이다.

평북 구성 출신인 최창학은 1920~30년대 조선에 불었던 골드러시에서 성공한 몇 안 되는 승자 중의 한 명이다. 수많은 사람들이 파산하고 좌절을 겪는 가운데 그는 엄청난 금이 쏟아지는 광맥을 발견했다. 1938년 그가 경성으로 완전히 이주했을 때 평북 구성의 세수가 엄청나게 줄었다는 전설적인 얘기가 전해진다.

20대 초반의 젊은 인텔리 여성과 재혼한 최창학이 고향인 구성을 떠나 자리를 잡으면서 지은 집이 바로 죽첨장이다. 그는 이곳에 살면서 친일인명사전에 이름을 올릴 정도로 열성적인 친일행위를 했다. 여러 친일단체에 가입했으며, 태평양 전쟁 승리를 기원하면서 막대한 기부금을 내기도 했다. 하지만 광복 후 분단이 되면서 북쪽에 있던 막대한 재산을 잃고 재기하지 못한 채 세상을 떠나고 만다.

죽첨장은 1,600여 평의 대지 위에 120평 규모로 만들어진 서양식 2층 주택이다. 현재 남겨진 자료를 보면 앞뒤에 있는 강북삼성병원 건물들이 들어선 부지가 모두 그의 소유였다. 경교장

뒤편으로는 커다란 한옥이 있었고, 신관과 응급치료센터 사이의 통로에는 연못과 작은 출입문이 있었다.

연구동과 약국으로 사용되는 건물에는 그가 경성에 올라와서 세운 대창주식회사의 사옥이 있었고, 그 옆으로는 저택으로 올라가는 정문이 있었다. 한마디로 이곳에 자신만의 왕국을 세운 것이다. 왕국의 핵심인 죽첨장은 박길룡과 더불어 일제강점기 대표적인 건축가였던 김세연이 설계했다. 1930년대 모더니즘의 영향을 받아 화려한 외형 대신 간결한 직선으로 지어진 것이 특징이다.

눈에 띄는 외형적 특징은 건물 규모보다 큰 포치이다. 계단 대신 경사로가 양쪽에 있다. 현관 앞까지 차를 댈 수 있도록 한 것인데, 덕분에 비나 눈을 맞지 않고도 차에 탈 수 있다. 1932년에 지어진 충남도청과 1928년에 만들어진 경성재판소(현 서울시립미술관) 등이 이런 형태의 포치를 가지고 있다. 이름에서 짐작할 수 있듯 관공서나 부유층의 주택에 주로 사용되는 방식이다. 차를 세울 정도로 크게 지은 포치의 지붕은 2층의 베란다 역할도 한다. 현관 양측으로는 활모양의 창틀인 보우 윈도우Bow window를 배치해서 직선이 주는 단조로움을 피했다.

현관문을 열고 중앙홀에 들어가면 정면에 썬룸이 있다. 햇볕을 쬘 수 있도록 지붕 일부분이 유리창으로 되어있는데 현재는 경교장의 영상을 보여주는 공간으로 이용되고 있다.

보우 윈도우가 설치된 양쪽 측면은 식당과 응접실이 있다. 응접실은 벽난로가 있고 보우 윈도우에서 들어온 햇살을 고스란히 받을 수 있다. 이곳에서 환국한 임시정부 국무위원회의 회의가 열렸고, 외부 손님들을 위한 접견 공간으로도 이용되었다.

응접실 맞은편 식당 역시 환국한 임시정부의 공식 만찬이 열렸던 곳으로 백범 김구가 암살당한 직후에는 빈소로 사용되었다. 식당 옆 복도에는 지하에서 음식을 올리는 덤웨이터가 있고, 거기서 꺼낸 음식을 안으로 넣는 여닫이문이 따로 설치되어있다. 식당과 같은 층 혹은 근처에 부엌을 두지 않은 이유는 음식을 조리할 때 나는 냄새와 열기를 멀리하기 위한 것으로 보인다.

식당 쪽 복도에는 지하로 내려가는 계단이 있다. 지하는 원래 식당으로 음식을 올리는 부엌과 하인들이 쉬는 공간이 있던 곳인데, 현재는 임시정부와 백범 김구에 대한 자료를 전시하는 전시관으로 쓰고 있다. 특히 이곳에서는 백범 김구의 데스마스크와 저격 당시 혈흔이 남은 저고리를 볼 수 있다.

식당 바로 위 2층에도 응접실이 하나 더 있다. 이곳에서도 임시정부 국무위원회가 개최되었다. 그 옆으로 가면 분위기가 확 달라진다. 일본 주택에서 흔히 볼 수 있는 긴 널빤지를 깐 장마루가 보이고, 그 옆으로 다다미와 도코노마까지 있는 전형적인 일본 주택 내부 공간이 드러난다.

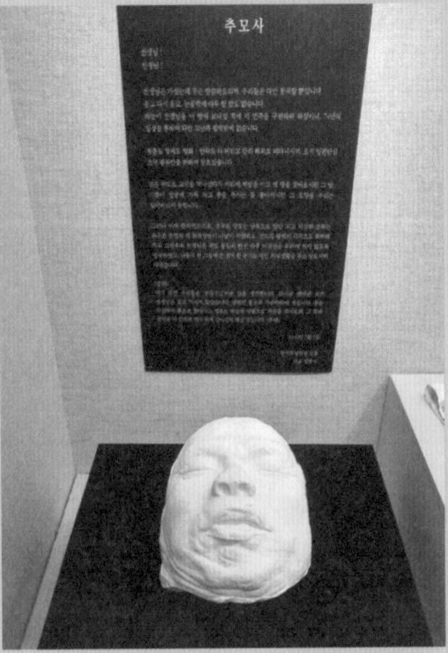


데스마스크

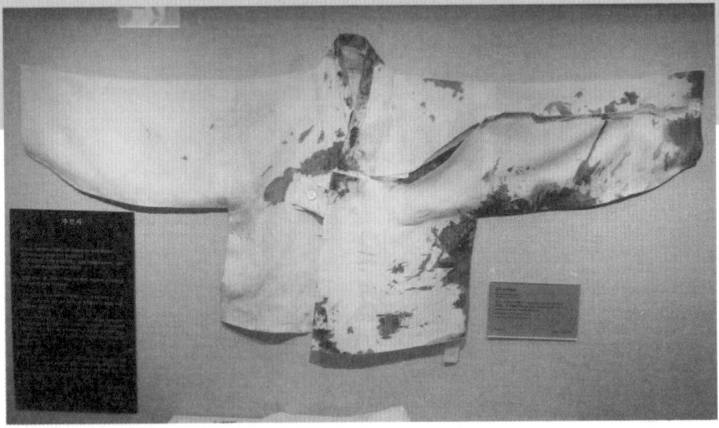

혈흔 저고리

경교장 2층

식당이나 응접실이 있는 1층은 서양식, 개인 거주 공간인 2층은 상당 부분 일본식으로 만들어지 것인데, 일본에서 유행하던 화양절충식을 도입한 것으로 보인다. 2층은 백범 김구의 개인 공간으로 사용되었다. 햇볕을 받을 수 있는 창가에 책상과 의자를 가져다 놓고 사용했다고 전해진다.

그리고 1949년 6월 26일, 안두희의 흉탄을 맞은 곳도 바로 이곳이다. 유리창에는 당시 발사된 총알이 뚫고 나간 흔적을 그대로 복원해놓았다.

### 성곽 밑에 선 봉선화

경교장을 나와 서울특별시 교육청을 지나면 오른편에 월암근린공원이 나온다. 예전 지명인 월암동에서 이름을 따온 공원으로 오르막길을 올라가면 한양 성곽과 만날 수 있다.

새로 쌓은 성곽은 하얀 벽돌이라서 원래 있던 옛 성곽과 선명하게 대조를 이룬다. 원래 있던 성곽 역시 돌의 크기가 조금씩 다른데 자연석을 그대로 쌓은 것은 태조 때, 모서리를 살짝 다듬은 건 세종 때, 반듯하게 잘 다듬은 부분은 순조 때 쌓은 것이라 한다. 제법 높은 곳에 자리한 공원이라 새로 지은 돈의문 뉴타운이 잘 내려다보인다.

이곳에는 대한매일신보의 경영자이자 일본의 침략을 강력하게 규탄했던 푸른 눈의 조선인 배설, 어니스트 베델Ernest T. Bethell이 살던 곳이 있다.

1904년 일본에서 사업을 하다가 조선으로 건너온 그는 러일전쟁을 취재하던 중 일본의 노골적인 야심을 알아차리고는 양기탁과 함께 대한매일신보를 창간하고 일본의 야만적인 행위를 규탄하는 기사를 쓴다. 일본은 골머리를 앓았지만 영국인인 그를 어쩌지 못한다. 그러다가 영국 정부에 강력하게 항의를 해서 결국 그를 재판정에 세운다.

재판은 1908년 한성에서 열렸다. 영국인 판사와 검사가 재판을 진행했고, 영국인 변호사가 변호를 맡았으며, 통감부의 일본인 서기관이 고소인으로 모습을 드러냈다. 재판에 출석한 증인들은 양기탁을 비롯한 조선인들이었다. 세 나라가 얽힌 재판에서 어니스트 베델은 3주간의 금고형과 6개월간의 근신형을 선고받는다. 이런 압박 속에서 건강을 크게 해친 그는 결국 1909년 세상을 떠나고 만다. 많은 조선 사람들의 애도 속에 그는 양화진의 외국인 묘지에 묻혔다.

현재의 월암근린공원에서 그가 살던 집터는 흔적도 찾아볼 수 없다. 다만 이곳에 그의 집이 있었다는 표지석만이 남아있을 뿐이다.

어니스트 베델의 집터에서 조금만 더 내려가면 길옆 담쟁이 넝쿨로 둘러싸인 고풍스러운 서양식 주택과 만날 수 있다. 1930년 독일 선교사가 지은 집으로 화강암으로 기초를 쌓고 그

월암근린공원 성벽

홍난파 가옥

베델 집터 표지석

위에 붉은 벽돌로 쌓아 올렸다. 경사로에 만들어서 1층이 사실상 지하 1층에 해당되지만 지붕이 뾰족하고 창문도 긴 편이라 실제보다 높아 보인다. 이곳은 〈고향의 봄〉, 〈봉선화〉 같은 동요를 작곡한 홍난파의 집이다.

현재 이곳은 등록문화재로 지정되어있으며 후손들이 관리하고 있다. 전시관으로 꾸며신 내부는 홍난파의 유품들이 전시되어있다. 주요 작품 활동과 함께 친일행적에 대한 이야기도 서술되어있다.

기독교 집안에서 태어난 홍난파는 집안의 반대를 무릎쓰고 음악을 전공한다. 일본으로 유학가서 바이올린을 전공했으나 이에 만족하지 않고 미국까지 건너가 음악을 배웠다. 귀국한 그는 국내 최초의 실내악단인 난파트리오를 결성해 지금 우리에게 잘 알려진 동요들을 작곡했다. 하지만 1930년대 후반 수양동우회 사건을 계기로 친일의 길을 걷는다. 이런 활동들이 그를 친일인명사전에 오르도록 했다.

집 앞에 있는 그의 흉상을 보노라면 여러 가지 복잡한 생각이 엉킨다. 이유야 어찌 됐든 조선인은 친일의 길을 걸었고, 영국인은 항일의 선봉에 섰다. 항일의 선봉에 선 영국인의 집은 흔적도 없이 작은 표지석만 남아있고, 친일을 한 조선인이 살던 곳은 잘 보존되어있다. 두 사람이 살던 집은 수십 미터 정도밖에 떨어져 있지 않다. 월암근린공원의 두 흔적을 통해서 역사는 때로 잔혹한 이야기를 들려준다는 것을 새삼 깨달았다.

### ❀ 마음의 기쁨, 딜쿠샤

착잡한 마음을 안고 홍난파 가옥을 나왔다. 잘 정비된 송월길을 따라 걷다 보니 야트막한 오르막길이 나타난다. 아주 오래된 은행나무가 가지를 드리운 채 방문객들을 굽어보는 이 오르막길의 끝에 이번 여행의 마지막 목적지인 딜쿠샤Dilkusha가 있다.

제법 큰 규모의 서양식 2층 주택인 이곳은 딜쿠샤라는 이름만 알려져 있었다. 누가 지었고 어떤 사람이 거주했는지에 대한 기록이 없는 상태에서 오직 주춧돌에는 딜쿠샤와 성경 구절을 뜻하는 〈시편〉(127 : 1), 그리고 이 주택이 지어진 연도로 추정되는 1923년이라는 숫자만 남아있다.

이 저택의 비밀이 풀린 것은 2006년, 미국에서 온 브루스 테일러라는 미국인에 의해서다. 그에 따르면 딜쿠샤는 우리에게 큰 도움을 줬던 푸른 눈의 독립운동가 앨버트 테일러와 그의 부인인 메리 린리 테일러가 살던 곳이다. 금광 개발업자인 아버지 조지 알렉산더 테일러를 따라 조선에 온 앨버트 테일러는 금광을 운영하는 한편, 동생인 빌과 함께 골동품을 수출하고 무역회사인 테일러 상사를 운영하기도 했다.

구한말, 한몫 잡기 위해 몰려온 외국인 중 한 명이 될 뻔했던 그의 운명이 바뀐 것은 1919년이다. 고종이 승하하고 장례식이 열리자 이를 취재하기 위한 UPI 통신의 현지 특파원으로 채용된 것이다. 조선에 머문 지 20년이나 되었던 그는 현지 특파원으로서는 최적의 조건을 갖춘 인물이었다.

특파원으로 일하던 즈음인 1919년 2월 아들 브루스가 세브란스 병원에서 태어난다. 이때 병원에서 일하던 조선인 간호사가 메리와 부르스가 있는 침대 아래 독립선언서를 숨겨놓는다. 3월 1일의 만세 시위에 쓰일 독립선언서였는데 일본 경찰이 수색하자 급하게 숨긴 것이다. 그의 예측대로 일본 경찰은 외국인 환자의 침대 아래까지는 살펴보지 않았다.

이 소동의 한복판에 있던 앨버트 테일러는 3월 1일 고종의 장례식과는 비교할 수도 없는 어마어마한 광경을 목격하게 된다. 수만 명의 조선인이 몰려나와 '대한독립만세'를 부른 것이다. 앨버트 테일러는 아내와 아들의 침대 아래 숨겨졌던 독립선언서를 동생인 빌의 구두에 숨겨 일본으로 가도록 했다. 그리고 그곳에서 독립선언서와 3.1만세 운동이 일어났다는 사실을 전 세계에 알리도록 했다.

그의 활약은 여기서 끝나지 않았다. 일본이 조선인들의 만세 시위를 폭력으로 진압했던 제암리 학살 사건의 진상을 밝히는 데도 큰 역할을 했다. 사업가였던 그의 입장을 생각하면 조선총독부와 갈등을 벌일 수 있는 불필요한 일이었지만 그는 위험을 무릎 쓰고 조선이 처한 상황을 세계에 알리고 일본의 학살을 폭로하는 데 앞장섰다.

앨버트 테일러와 연극 배우 메리 린리는 1917년 일본으로 출장을 갔다가 만난 사이이다. 한 눈에 반한 두 사람은 곧 인도에서 결혼식을 올리고 신혼여행을 즐긴다. 이때 러크나우 지방에서 딜쿠샤라는 성을 보고 깊은 감명을 받는다.

신혼여행을 끝나고 조선으로 들어온 두 사람은 서대문에 있는 집에 머문다. 이 집은 한옥을 살짝 개조한  것으로 조선 문화에 애정이 깊었던 앨버트 테일러는 가급적 수리를 하지 않고 사용했다. 하지만 앨버트 테일러가 수집하던 골동품들이 차츰 늘어나고, 1919년 아들 브루스가 태어나면서 공간이 더 필요해졌다. 그런 상황에서 행촌동 땅이 매물로 나왔다는 사실을 알게 된 앨버트 테일러는 지체 없이 그곳을 매입한다. 임진왜란 때 맹활약한 권율 장군이 직접 심었다고 전해지는 수백 년 된 은행나무가 있는 곳 근처였다.

앨버트 테일러는 그곳에 집을 짓고자 했지만 공사가 시작되자 주민들의 반대에 부딪혔다. 낯선 외국인이 신성한 은행나무 근처에 집을 짓는 것이 못마땅했던 것이다. 앨버트 테일러는 반대를 무릅쓰고 공사를 강행한다. 처음에 지어진 집은 지상 3층 높이로 추운 겨울을 이겨내기 위해 1, 2층의 거실과 서재 등에 벽난로를 설치했다.

계단을 통해 올라가면 기둥이 세워진 포치가 나오고 여기에서 내부로 연결된다. 가운데는 거실 역할을 하는 홀이 있고 오른쪽에는 식당과 부엌이, 왼쪽에는 방과 욕실, 드레스 룸이 있었다. 브루스가 어렸을 때는 드레스 룸에서 자랐다고 한다.

거실 계단을 통해 올라갈 수 있는 2층 역시 가운데 거실이 있고, 양쪽에 앨버트 테일러와 메리 린리 테일러의 방이 있었다. 그리고 이곳에 앨버트 테일러가 수집한 골동품들이 진열되었다. 3층은 다락방들이 몇 개 있었는데 이곳에도 골동품들을 가져다 놓았다. 지하에는 벽난로에 사용할 장작과 포도주를 보관했다.

외형에서 가장 눈에 띄는 것은 벽돌을 쌓는 방식이다. 다른 건물들은 모두 벽돌을 눕혀서 쌓았는데, 딜쿠샤는 벽돌을 세워 쌓았다. 처음 봤을 때는 벽돌이 모자라서 이런 방식으로 쌓은 게 아닌가 하는 생각이 들었지만, 이는 공동벽 쌓기라는 방식으로 벽돌을 세워서 쌓아 가운데에 공간을 두는 형태다. 미국에서 주로 사용하는데, 눕혀서 쌓는 방식보다 구조적으로는 약하지만 난방과 방음 효과가 뛰어난 것으로 알려져 있다.

두 사람에게 기쁨의 집이었던 딜쿠샤는 1926년 7월 26일 큰 화재에 휩쓸린다. 낙뢰로 인한 화재로 추정되는데 언덕 위에 있어서 화재 진압이 쉽지 않았던 듯하다. 3층과 2층은 완전히 불타버리고 1층도 상당 부분 피해를 보았다.

권율 장군 집터 표지석

딜쿠샤

무엇보다 앨버트 테일러가 수집했던 골동품이 모두 불타버렸고, 집을 지키던 조선인 하인이 숨지고 말았다. 당시 앨버트가 큰 병을 앓고 있어서 치료차 가족 모두가 미국에 가 있던 상태라 뒤늦게 소식을 접했다. 화재 이후 3층이 사라졌고 뒤쪽으로 언덕과 연결된 다리가 놓이는 변화가 찾아온다.

앨버트 테일러 가족은 이후에도 계속 딜쿠샤에서 지냈다. 그러다가 1941년 12월, 일본 해군이 미 해군 태평양 함대가 있는 하와이 진주만을 기습하면서 태평양 전쟁이 발발하자 조선총독부는 눈엣가시 같던 앨버트 테일러를 감옥에 가두었다가 추방해버린다.

미국으로 돌아간 앨버트 테일러는 1948년에 사망하고 유언에 따라 양화진의 외국인 묘지에 유해가 묻힌다. 그의 옆자리에는 40년 전에 세상을 떠난 아버지 조지 알렉산더 테일러가 묻혀 있다.

두 사람이 쫓겨난 이후, 딜쿠샤는 우여곡절을 거쳐 국가 소유가 된다. 하지만 관리가 소홀한 사이 입주자들이 하나둘씩 들어와 자리를 잡았다. 십여 가구가 넘는 입주자들이 지하 1층과 1층, 2층을 차지하면서 내부 구조가 심하게 변해버렸다. 거실에 벽을 쌓아 구획을 분할하고, 화장실이 추가되고, 창고가 증축되고, 딜쿠샤라는 이름이 써진 기단 부분은 장독대로 사용되는 등 원형이 훼손되어 안타깝기만 하다.

경희궁과 돈화문 박물관 마을을 거쳐 경교장과 월암근린공원에 있는 어니스트 베델의 집터와 홍난파 가옥, 딜쿠샤까지 돌아보는 길에는 한말부터 일제강점기라는 근현대사까지의 흔적이 선연히 남겨져 있다. 현재 우리 삶에 밀접한 영향을 끼쳤기 때문에 더 관심이 가기도 했지만, 그곳에 머물렀던 사람의 면면을 보면서 역사 속에 남겨지는 삶을 차분히 돌아보게 된 산책길이었다.

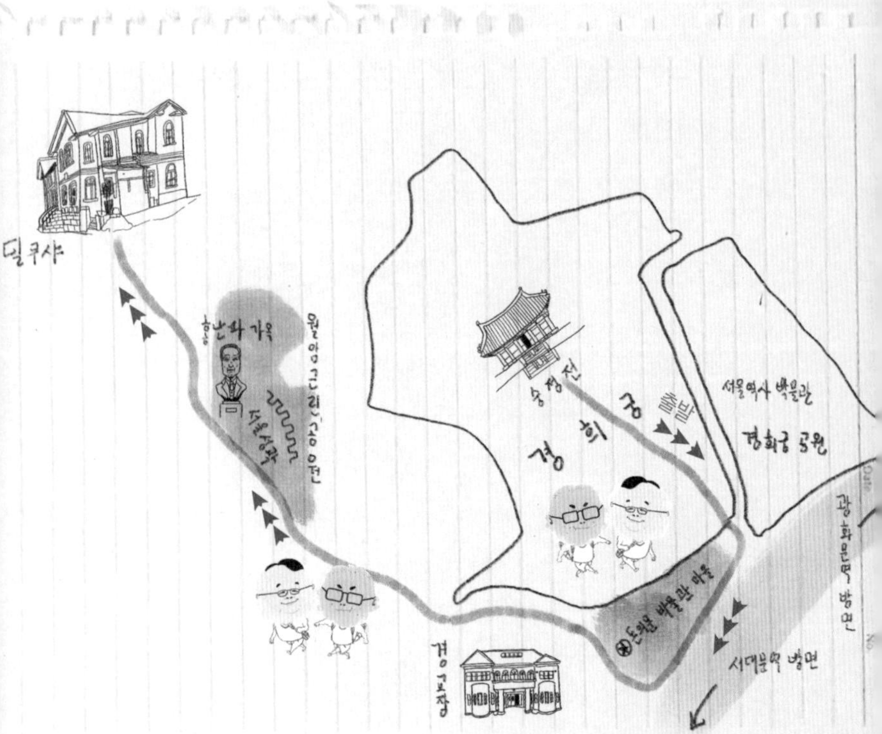
딜쿠샤
홍난파 가옥
월암근린공원
서울성곽
숭정전
경희궁
출발
서울역사 박물관
경희궁 공원
광화문역 방면
돈의문 박물관 마을
서대문역 방면
경교장

❀ 이곳으로 가는 길

정동이나 광화문에서 경희궁으로 간다. 경희궁 흥화문으로 나와서 경찰박물관을 지나 돈의문 박물관 마을을 보고 맞은편 강북삼성병원 안에 있는 경교장으로 간다. 경교장을 나와 서울특별시 교육청을 지나 월암근린공원에 있는 어니스트 베델 집터와 홍난파 가옥을 보고 계속 직진하면 골목길 끝에 앨버트 테일러의 흔적을 볼 수 있는 딜쿠샤가 나온다.

❀ 근처에 가볼 만한 곳

경희궁 바로 옆에 서울 역사박물관이 있다. 광화문에서 출발한다면 서울 역사박물관을 먼저 둘러보고 경희궁을 가는 코스도 괜찮다. 딜쿠샤까지 둘러봤다면 왔던 방향으로 돌아가다가 오른쪽 고가 아래로 내려가서 사직로를 따라가면 서대문 형무소 역사관이 나온다. 독립운동가들을 수감하고 고문하던 이곳은 이젠 역사관이 되어 아픈 기억을 보존하고 있다.

다섯번째 산책

# 경복궁 삐딱하게 걷기

경복궁

## 광화문

일행과 지금껏 다녔던 곳은 무겁거나 가슴이 아픈 모양이어서 몹시 침전되는 느낌이다. 하지만 경복궁은 입구인 광화문부터 그 느낌이 장대하고 시원해 묘사하는 기분까지 상쾌하다. 사실 고등학교 때 당시 '중앙청'이라 불리던 옛 '조선총독부' 건물을 견학하러 온 기억이 있어, 경복궁의 상처도 큰 것을 잘 알고 있다. 하지만 이미 상처의 흔적을 다 치워버린 지금, 나는 굳이 그것들을 떠올리고 싶지 않아 그냥 노랗게 활기찬 궁의 모습을 즐기고 묘사하기로 한다.

덩치가 큰 이국의 여인이 조금은 작아 뵈는 분홍의 한복을 입고 활짝 웃는다. 경상도 말투에 예닐곱 살 정도 되는 계집아이의 투정이 귀엽다. 일요일 봄 광화문이 이토록 노랗고 파란 색이어서 다행이다.

경복궁의 것이 덕수궁에서도

덕수궁 대한문 앞에선 안타까운 집회까지 이어져 가슴이 먹먹했는데, 다행히 경복궁에서 바라본 광화문과 그 너머의 모습은 시원하고 평온한 모습이다.

나는 가깝지 않은 두 곳의 궁을 어떤 이유에선지 한 공간으로 인식하고 있다. 그래서 한 공간에서 너무나 다르게 연출되는 각각의 분위기가

정말 현실일까 의심했고, 심지어는 시간이 일정하게 흐르지 않는 게 아닐까도 의심해봤다. 어떤 크고 작은 인과에 의해 저쪽의 시간과 이쪽의 시간이 다르게 흐르고 그에 따라 공간과 운명도 바뀌는….

나는 광화문의 파란색 시간과 노란색 공간이 덕수궁 대한문에도 공유되어 같은 시간이 흐르길 바랐다. 이곳 사람들의 알록달록함도 같이 공유되어 대한문 앞에서도 다시 일렁이길 바랐다.

2012. 6.

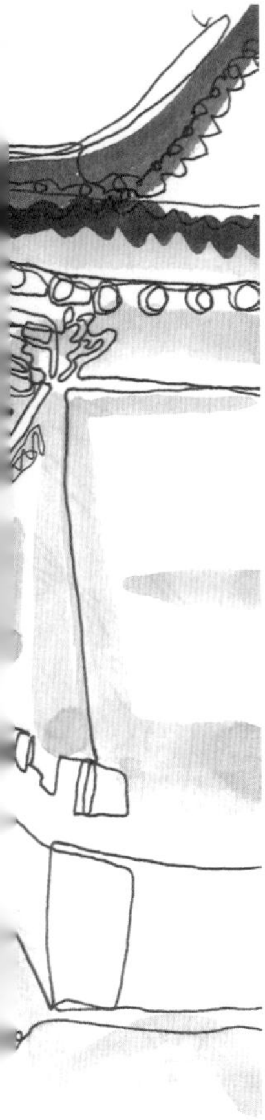

## 경복궁 뒤뜰, 아프게 그려진 그림

사실 경복궁에 다니던 봄은 어떤 일들로 지난 한 시간을 보내고 있었다. 일행에서 떨어져 있을 때면 몇 가지 걱정에 골몰했고, 환술에 걸린 사람처럼 방법을 모색하고 막히기를 수없이 반복했다. 그림을 그릴 때는 심리 상태가 어쩔 수 없이 묻어날 것인데, 나는 차라리 궁의 뒤뜰을 혼란스러운 마음 그대로 그려보기로 했다.

아프게 그린 이 그림은 의도와 다르게 격정적인 모습으로 태어났다. 한옥의 고즈넉함은 불안한 마음마저 품어주는 걸까? 마치 괜찮다고 말해주는 듯 나름의 맛이 있다. 어쩌면 감정으로만 볼 수 있는 모습이란 게 분명 있을 거란 생각을 했다.

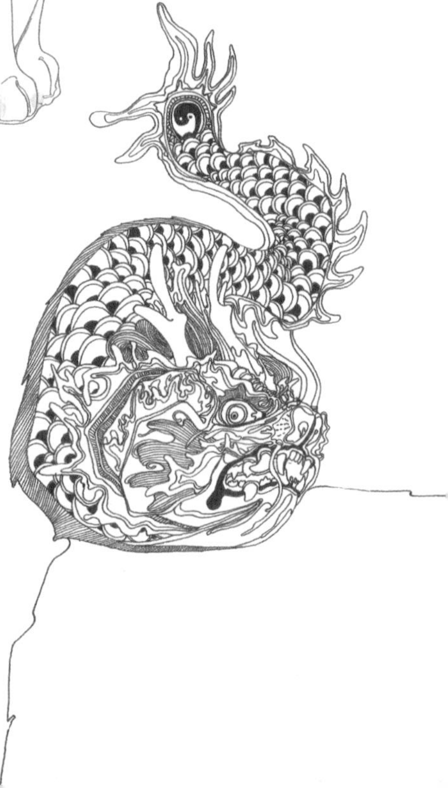

## 우리의 요괴는 모두 어디에

사람들은 주로 건축물의 웅장함이나 단청의 세심한 청록 또는 잔잔한 연못에서 경복궁의 아름다움을 찾았지만 나는 다양한 모양의 석조상에 마음을 빼앗겼다. 이곳의 석조상들은 서양의 것처럼 너무 똑같지 않아서 좋고 일본이나 중국의 것처럼 무섭거나 과하지 않아 좋다. 그 모습은 말랑한 느낌으로 익살스러워, 어떤 것은 어떤 동물의 형상인지 쉽게 알 수 있고 또 어떤 것은 도통 그 정체를 알 수 없어 유심히 보게 되는 재미가 쏠쏠하다.

언젠가 일본 애니메이션을 보다가 '이자나기'나 '갓파' 같은 일본의 창조신과 토종요괴들이 현대 애니메이션에 자연스레 녹아들어 생명력 있는 캐릭터로 살아 움직이는 게 몹시 부러웠다. 나는 경복궁에서 이토록 세련된 캐릭터의 조형물을 구경하다가 문득 다락과 부엌에 살았을 우리 신과 요괴들은 모두 어디로 사라졌는지가 궁금해졌다.

구전으로 생명력을 유지하던 우리 요괴들은

개화기에 강요된 서양 종교나 일본 문화에 시달리다 멸종된 것은 아닌지. 얼마 전엔 어릴 적 전래동화책에서 읽었던 혹부리 영감이 사실은 일본 영감이라는 것을 알게 되어 마음에 허기짐을 느꼈다.

이날 나는 이웃집 아저씨 같은 이 석상들 앞에 서서 몇 개의 인상적인 석상을 그렸다. 범은 무섭지만 해칠 것 같지 않고, 거북이는 북쪽의 모습으로 검고 무겁다. 원숭이는 술 취한 듯 가볍고, 알 수 없는 몇몇 동물들은 알 수 없는 그대로 정겹다.

나는 일본 〈미즈키 시게루〉 선생의 작업들에 큰 의미가 있다고 생각한다. 그리고 우리도 누군가 경복궁의 석상과 산의 도깨비와 마당을 지키는 두꺼비와 지붕 속 구렁이에 대해 이야기하고 책으로 남겨야 한다고 생각한다. 시간이 더 흐르기 전에 기회가 주어진다면 내가 해야겠다는 생각도 다짐처럼 단단하게 해본다.

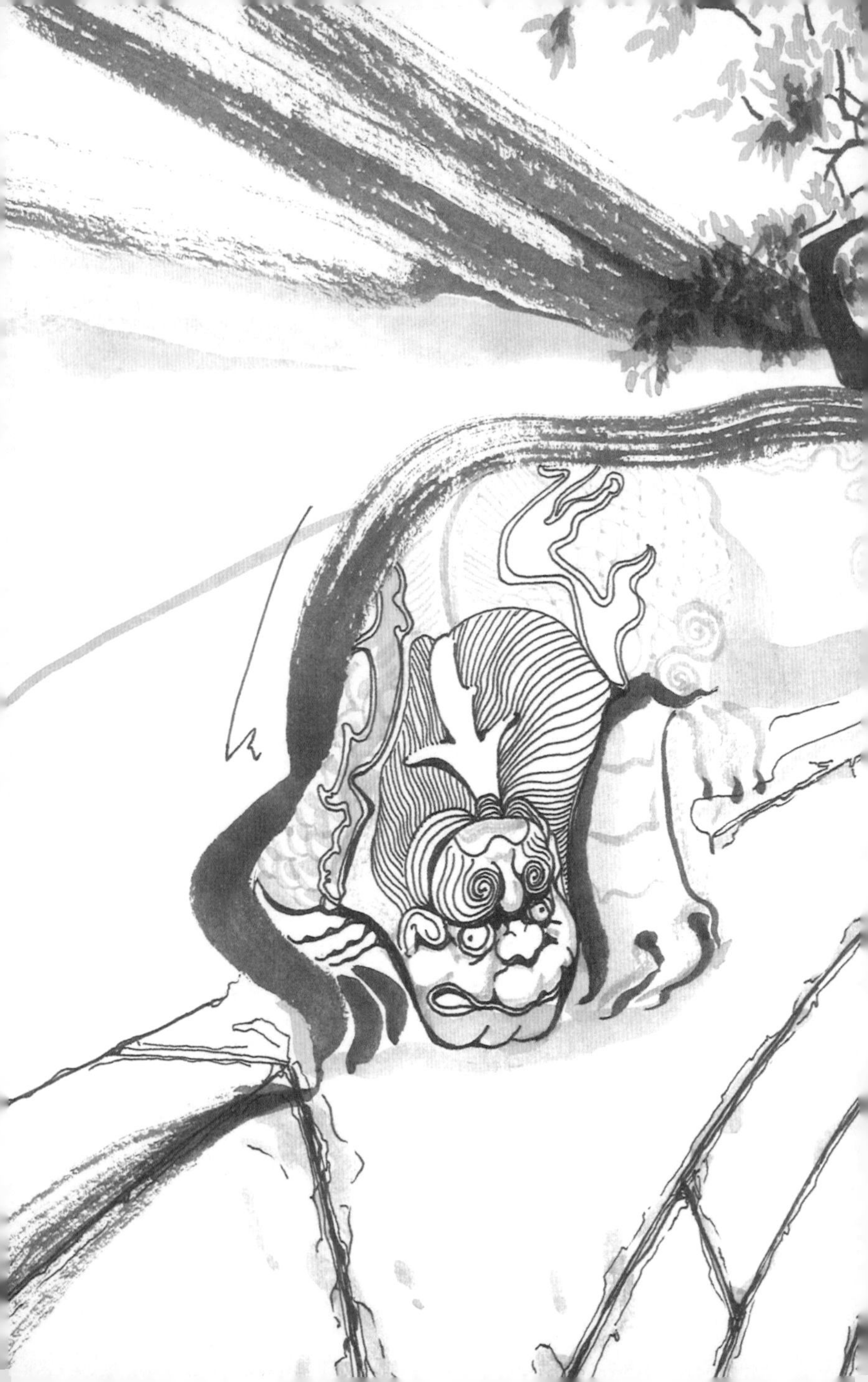

## 배수로 해태

범의 얼굴을 하고 사슴뿔 하나에 잉어의 비늘을 두른 이 동물의 이름은 무엇인지 몹시 궁금했다. 사실 범의 얼굴인지 사슴의 뿔인지는 알 수 없는 것으로 나의 근거 없는 추측일 뿐이지만, 얼마나 표현이 잘 되었는지 마치 전설 속에 살던 동물이 어떤 인과로 이곳에 돌로 굳어져 남은 것처럼 정교하고 유연했다.

나는 이 아름다운 형상을 궁의 어느 뒤편에 두기엔 아깝다고 생각했는데, 가만히 형상의 주변을 살피니 긴 배수로와 한옥의 흐름을 정확히 타고 앉은 모습이 여기가 아니면 또 어디가 이만하겠는가 싶었다.

언젠가 나는 세상에 알려지기도 전에 사라져

갔을 수많은 천재에 대해 생각하며 가슴 아파했다. 유명세를 떨치는 것은 천재적 능력 외에 여러 가지 기운이 맞아야 하는 걸 잘 알기에 묻혔을 그들의 이름과 작품이 아쉬웠고 찢을 수 없었을 그들의 운명이 야속했던 것이다.

긴 시간 찾는 이 없는 배수로를 묵연히 지켰을 이 동물에게 사람의 관심이 커지길 바라는 마음으로 바라보다가 생뚱맞게도 나는 다시 그때의 아쉬움을 되뇌었다.

하필 배수로의 흐름과 가장 잘 어울리는 아름다움이라니, 이런 조화는 형상의 아름다움을 극대화시키는 자유인지 아름다움을 한정 짓는 한계인지 알지 못한 채 아쉬운 발길을 돌렸다.

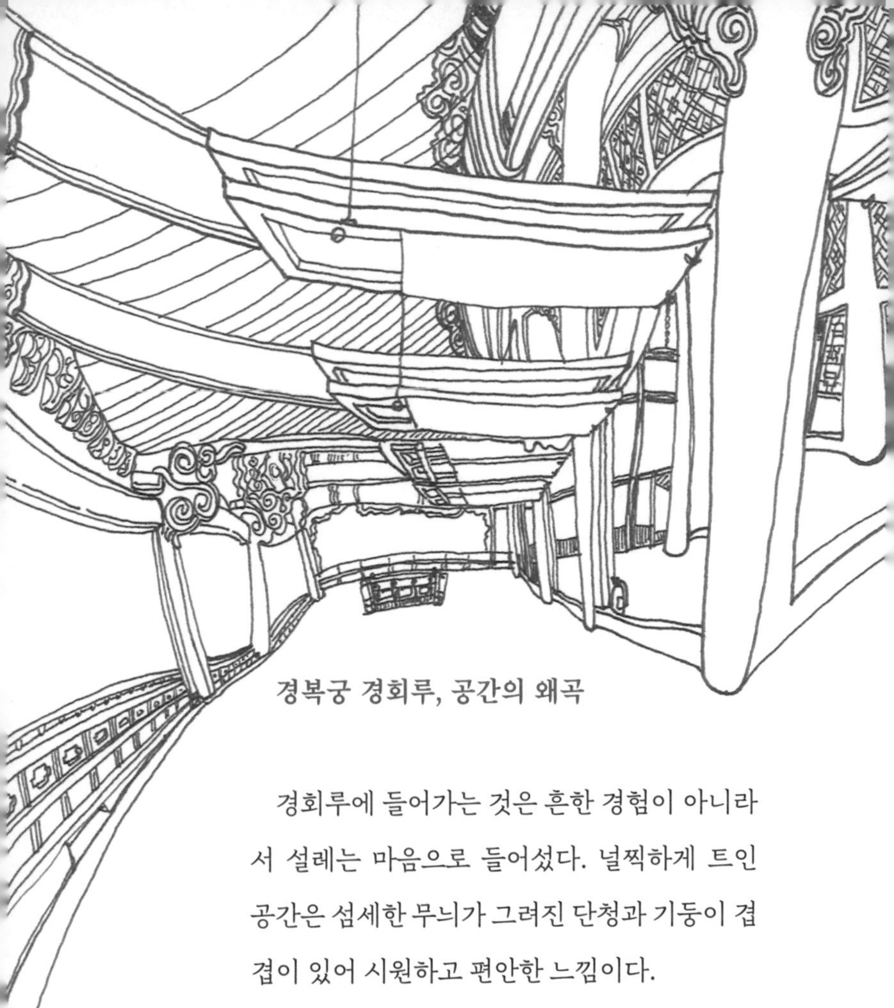

경복궁 경회루, 공간의 왜곡

경회루에 들어가는 것은 흔한 경험이 아니라서 설레는 마음으로 들어섰다. 널찍하게 트인 공간은 섬세한 무늬가 그려진 단청과 기둥이 겹겹이 있어 시원하고 편안한 느낌이다.

나는 이렇게 넓은 공간에서 고개를 휘휘 돌렸을 때 느껴지는 공간의 왜곡을 좋아한다. 어릴 적 이런 내게 누군가 '뭐하니?'라고 물어오면 나는 부끄러워서 그 진지한 관찰을 설명할 수 없었다.

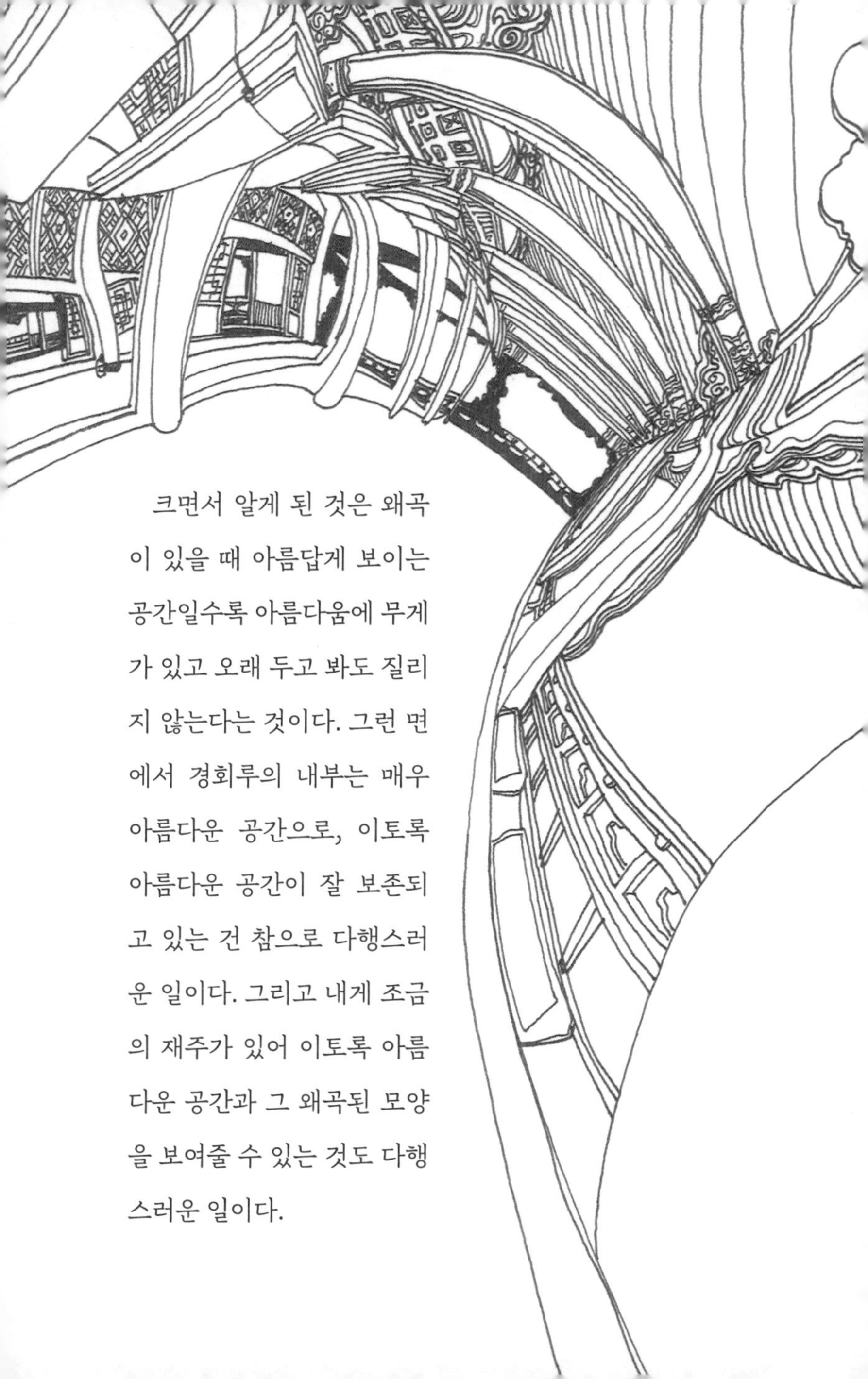

크면서 알게 된 것은 왜곡이 있을 때 아름답게 보이는 공간일수록 아름다움에 무게가 있고 오래 두고 봐도 질리지 않는다는 것이다. 그런 면에서 경회루의 내부는 매우 아름다운 공간으로, 이토록 아름다운 공간이 잘 보존되고 있는 건 참으로 다행스러운 일이다. 그리고 내게 조금의 재주가 있어 이토록 아름다운 공간과 그 왜곡된 모양을 보여줄 수 있는 것도 다행스러운 일이다.

## ❀ 사막 같은 궁궐

솔직히 고백하자면 경복궁은 그다지 좋아하지 않는다. 사람들이 북적이기도 하고 무엇보다 너무 커서 돌아다니기가 힘들기 때문이다. 덕수궁이나 창덕궁처럼 요리조리 걷는 맛이 없고, 직선으로 구성된 공간들을 터벅터벅 걸어가야 한다는 점도 답사의 즐거움을 반감시킨다.

경복궁은 조선이 세워지고 야심 차게 추진한 도읍 이전 정책의 핵심이었다. 왕궁은 도읍의 중심지이자 왕정 국가의 상징이고, 실제로 한양을 도성으로 정할 때 가장 먼저 위치를 정한 것도 바로 경복궁의 위치였다. 1394년, 경복궁의 위치가 나온 이후 도성의 전체적인 윤곽이 그려졌다.

조선은 불교를 숭상했던 고려와는 달리 성리학을 국가 이념으로 내세웠다. 그런 점은 경복궁의 이름에서도 엿볼 수 있다. 바로 〈시경〉 주아편에서 나오는 '이미 술에 취하고 이미 덕에 배부르니 만 년 동안 큰 복을 누리리라(旣醉以酒 旣飽以德 君子萬年 介爾景福)'라는 구절 중 제일 마지막 두 글자에서 따온 것이다. 새로운 왕조를 세웠다는 자신감과 함께, 조선이 나아갈 방향을 명확하게 제시한 것이다.

경복궁은 사람이 살아가는 공간이라기보다는 성리학의 이념을 상징하는 곳으로 만들어졌다. 착공한 지 1년만인 1395년에 완성된다. 조선을 상징하는 궁궐이었기 때문에 정궁 혹은 북쪽에 있다는 뜻으로 북궐이라고도 불렸다.

오늘날 경복궁은 많은 관광객이 찾는 곳이다. 나 역시 친구들과 자주 찾는 곳이다. 하지만 내가 주로 가는 곳은 큰 곳보다는 작은 곳, 잘 알려진 곳보다는 알려지지 않은 곳이다. 그래서 나는 종종 경복궁을 삐딱하게 걷는 걸 좋아한다고 말한다.

광화문으로 들어가면 중문인 흥례문이 나오고 더 직진하면 근정문이 나오고 거기로 들어가면 정전인 근정전이 자태를 드러낸다. 근정전 뒤편에는 편전인 사정전이 나오고, 그 뒤로는 왕과 왕비의 침전인 강녕전과 교태전이 나온다. 강녕전의 동쪽 건춘문 방향으로는 왕세자의 거처인 계조당이 있다. 그래서 세자를 동궁이라고도 불렀다.

반대인 서쪽은 궁궐 안의 종합청사 '궐내각사闕內各司' 구역이다. 현재 수정전이 남아있는 지역이 바로 그곳에 해당한다. 북쪽 신무문으로 나가면 청와대가 보이는데 북원이라고 부르는 지역으로 군사훈련과 과거시험 등을 보던 장소다.

조선의 궁궐 중에 이렇게 전각들을 딱딱 자리에 맞춰 지은 것은 경복궁이 유일하다. 다른 궁궐들은 지형상의 이유나 먼저 자리를 잡은 다른 민가들 때문에 좌우 대칭으로 전각을 세울 수가 없었다. 하지만 나는 길은 구불구불해야 걷는 맛이 나고, 집도 마찬가지라고 생각한다. 병사들이 도열한 것처럼 줄지어 서 있는 아파트를 보고 숨이 막히는 것도 바로 그런 이유에서다.

경복궁의 이름처럼 조선이 만년동안 유지되기를 바란 것은 이성계는 물론, 이름을 지은 정도전과 신흥사대부들 모두의 바람이었다. 하지만 경복궁은 시작부터 좋지 않았다.

### ❀ 피바람이 불어 닥치다

1398년 8월 26일, 경복궁은 피바람에 휩싸인다. 태조 이성계가 병환으로 자리에 누운 틈을 타서 이방원이 측근들과 함께 거병한 것이다. 부하들을 이끌고 광화문으로 나아가던 이방원은 근처 송현방에서 반대파인 정도전과 남은 등을 살해한다. 남은의 첩에 집에 모여서 술을 마시고 있는 것을 포착하고 기습한 것이다.

경복궁

반대파를 제거한 이방원은 부하들을 이끌고 광화문 앞에 진을 친다. 궁궐을 지키던 수비대의 상당수는 이방원과 그의 측근에게 포섭된 터라 쉽사리 성문이 열리고 만다. 왜구와 홍건적을 물리치며 불패의 명성을 쌓고, 나아가 조선을 건국한 불세출의 명장 이성계는 일생에서 처음이자 마지막 패배를 겪는다.

순식간에 정도전을 비롯한 측근은 물론 사랑하는 아들 방번과 방석이 목숨을 잃었다. 이 사실에 절망한 이성계는 왕의 자리에서 물러나 경복궁을 떠난다. 이방원은 바로 왕위를 이어받는 대신 둘째 형인 이방과를 왕위에 앉힌다. 그가 바로 조선의 두 번째 임금인 정종이다. 하지만 정종은 허수아비나 다름없었다. 사실상 모든 권력은 이방원이 장악했다.

이복형제끼리 죽고 죽이는 살육의 무대가 된 경복궁은 그 이후 버려진다. 이복형제의 피비린내를 꺼린 정종이 제사를 핑계로 개경으로 돌아가 버린 것이다. 그러자 아직 개경을 잊지 못하던 관료들이 뒤따라 돌아가고, 백성들도 따라가면서 한양은 순식간에 텅 비어버리고 만다.

1400년, 허수아비 정종을 밀어내고 왕위에 오른 이방원은 다시 한양으로 돌아온다. 그러면서 경복궁은 다시 정궁의 위치를 되찾는다. 이후 세종대왕 때 대대적인 증축을 하면서 본격적으로 궁궐의 위상을 갖추게 된다.

## ❀ 소식을 전하는 곳

600여 년 전, 피비린내로 가득했을 광화문 앞은 오늘날 내외국인 관광객들로 가득하다. 갓과 도포, 치맛자락 사이를 지나 홍례문을 넘어가면 정전인 근정전의 정문 '근정문'이 보인다. 2층으로 된 근정문은 세 개의 문으로 되어 있는데, 가운데 문으로는 임금이 드나들고 양쪽 문으로는 신하들이 드나들었다.

보통은 근정문을 지나 근정전을 구경하는 게 일반적인 코스다. 하지만 근정문을 지나기 전에 고개를 왼쪽으로 돌려보자. 궐내각사가 있는 경복궁의 서쪽과 연결된 유화문이 보일 것이다. 그리고 그 옆에 두 칸짜리 작은 한옥이 덩그러니 있는 걸 볼 수 있다.

기별청이라는 현판이 붙은 이곳은 조선 시대 승정원에서 발행하던 관보인 기별지를 만들던 곳이다. 우리가 '간에 기별도 가지 않는다'라고 할 때 쓰는 그 기별이 맞다. 기별의 사전적 의미는 '다른 곳에 있는 사람에게 소식을 전한다'이다. 기별지는 오늘날의 대통령 비서실 격인 승정원에서 발행했다. 기별청이 궁궐 안, 그것도 정전인 근정전 근처에 자리 잡은 것도 바로 그런 이유 때문이다.

기별지는 매일 발행되었는데, 승정원에서 직접 쓰는 승정원일기는 물론, 왕의 일기라고 할 수 있는 일성록과 각 관청에서 작성하는 각사등록을 토대로 작성되었다. 주로 임금이 받은 상

기별청

소문에 대한 내용과 그에 대한 답변, 궁중의 인사이동이나 지방의 천재지변, 과거시험 날짜 등이 기록되었다.

기별지는 임금과 세자, 전현직 고위관리와 지방의 현감들에게 배포되었는데, 각 관청에서 기별청으로 보낸 기별서리들이 베껴서 가져가는 형태였다. 기별서리들이 베껴 쓰기 위해 흘려 쓴 글씨체를 기별체라고 부른다. 빠르게 적어야 했기 때문에 보통의 한문과는 다르다. 지방의 경우는 기별군사라는 별도의 전령을 통해 며칠 분량을 한꺼번에 보냈다.

정보의 전달이 극히 제한되었던 조선 시대에 기별지는 조정의 소식을 알 수 있는 귀중한 매체였다. 그래서 많은 사람이 기별지를 손에 넣고자 했다. 선조 때 이런 상황을 이용해서 돈을 벌려고 했던 사람들이 있다. 승정원의 허가를 받아서 기별지를 하나 받은 후에 사찰에서 구한 목활자를 이용해 대량으로 인쇄한 후 이를 돈을 받고 판 것이다. 기별지를 보고 싶었지만 공식적으로 받아볼 수 없던 많은 사람들이 이를 편리하게 여겼지만 딱 한 명, 선조가 불편하게 여겼다.

그 탓에 기별지를 인쇄해서 판매하던 관련자들이 대거 붙잡혀서 처벌당하는 일이 벌어졌다. 이 사건은 정보를 통제하고 장악하려던 선조의 뜻이 드러난 것으로 이후 기별지는 시중에서 은밀히 유통되다가 갑오경장 때 관보가 발행되면서 역사 속으로 사라졌다.

기별지가 발행되던 기별청은 우리가 모르는 아주 작은 역사가 여전히 존재한다는 사실을 보여준다. 그래서 나에게는 기별청이 경회루만큼이나 소중하고 대단하다.

## ❀ 주연 근정전, 조연 사정전

경복궁의 주연은 정전인 근정전이다. 하지만 나는 조연 격인 사정전에 더 눈길을 주는 편이다. 사실 근정전은 한 달에 한두 번 모든 신하가 모이는 조회 때 사용하거나 의례를 진행하던 곳이다. 실제로 측근들과 정책을 논의하거나 경연을 한 장소는 편전인 사정전이었다.

근정전 바로 뒤에 붙은 사정전은 별다른 특징이 없는 평범한 한옥처럼 보인다. 하지만 나는 이곳을 볼 때마다 두 가지를 떠올린다. 사관 민인생과 격방이다.

임금이 귀찮아 할 정도로 졸졸 따라다니면서 말 한마디 한마디를 기록했던 사관은 그야말로 '살아있는 녹음기'였다. 문제는 진짜 녹음기라면 켜고 끄는 것을 마음대로 할 수 있지만, 사관이라는 녹음기는 마음대로 끌 수 없다는 점이었다.

민인생이라는 녹음기는 성능이 굉장히 좋아서 임금의 말 한디도 놓치지 않았다. 그가 노린 장소가 바로 사정전이다. 종종 태종 이방원이 측근들을 불러서 정사를 논의했는데, 민인생은 사관도 참석해서 기록을 남겨놔야 한다고 주장한 것이다. 경연에 참석한 민인생이 거듭 주장하자 태종은 신하들에게 의견을 물었다. 눈치가 백단인 신하들은 자신들도 고려 때 사관이었지만 감히 편전에 드나들 생각은 하지 못했다고 말한다.

그러자 민인생은 임금이 밝으면 신하가 곧게 될 것이라면서 어찌 고려 따위와 조선을 비교할 수 있느냐고 말한다. 역시나 눈치 빠른 신하들이 논의하겠다는 말로 대충 마무리했지만 집요한 민인생은 사정전 주변을 기웃거리다가 태종 이방원에게 들켜 결국 쫓겨나고 만다. 민인생은 그 일로 인해 귀양을 가게 된다.

이런 사연을 알고 있기 때문인지 사정전을 볼 때마다 기둥 뒤에 숨어 안에서 무슨 소리가 들려오는지 귀를 쫑긋 세우는 민인생의 모습이 그려진다. 그 모습 뒤에는 격방을 하는 종친들이 있었을 것이다. 격방은 오늘날의 골프와 비슷한 운동이다. 세종실록에 나온 격방의 경기 방식은 오늘날의 골프와 놀랍도록 유사하다.

편을 나누어 구를 쳐서 승부를 겨루는 것이 기본 규칙으로 구를 치는 몽둥이는 모양은 숟가락과 같고, 크기는 손바닥만 한데 물소 가죽으로 만들었으며, 두꺼운 대나무로 합하여 자루를 만들었다. 구의 크기는 달걀만 하고 마노 혹은 나무로 만들었다. 전각 사이에, 섬돌 위에, 혹은 평지에 주발 모양의 구멍을 만들었는데 이름을 '와아窩兒'라 했다.

구를 치는 사람은 꿇어앉아 치기도 하고, 서서 치기도 했다. 구가 날아 넘어가든 굴러가든 구멍에 들어가면 점수를 얻는데, 그 절목이 매우 많다.

세종대왕과 세조가 특히 격방을 좋아했다고 전해지며, 입궐한 종친들을 편을 나누어 시키기도 하고 조회를 끝낸 신하들이 하는 것을 지켜보기도 했다.

격방을 한 장소는 경회루와 사정전 주변이었다. 지금의 골프는 탁 트인 필드에서 진행하는 반면, 격방은 섬돌과 전각 같은 장애물이 많은 곳에서 진행했다. 당연히 온갖 변수들이 나타났을 것이고, 실수한 신하는 임금이 지켜보는 가운데 짜증을 낼 수도 없어 속으로 화를 삭였을 것이다. 혹시나 흥에 겨운 임금이 직접 몽둥이를 잡아 구를 치기라도 했다면 옆에서 물개박수를 치면서 나이스 샷을 외쳐야 했을지도 모르겠다.

격방에 대한 기록은 엄숙함과 진지함만이 있었을 것 같은 궁궐에서도 나름 소소한 재미가 존재한다는 걸 보여주고 있다.

1592년 5월, 경복궁에 한 무리의 일본인들이 들어섰다. 물론 그 이전에도 사절로 왔던 일본인들이 경복궁에 들어선 적은 있었다. 하지만 이때 찾아온 일본인들은 하나같이 기세가 등등하고 사나웠다. 바로 임진왜란의 선봉부대를 이끌었던 고니시 유키나가의 부하들이었던 것이다.

선조를 비롯한 관리들은 진즉 도망쳐버렸다. 기록을 보면 임금이 도망친 것에 분노한 백성들이 경복궁에 불을 지른 것으로 나온다. 하지만 일본군을 따라온 승려가 경복궁을 구경했다는 기록이 있는 것으로 보건대, 한양을 점령한 일본군이 다음 해 조명연합군의 반격에 밀려 철수하면서 불을 지른 것으로 보인다.

잿더미가 된 경복궁은 수백 년 동안 버려졌다. 임진왜란 이후 정묘호란과 병자호란을 연거푸 겪은 조선의 허약해진 재정 때문이다. 결국 동궐인 창덕궁과 서궐인 경희궁을 번갈아 사용하면서 경복궁은 차츰 잊히고 만다.

오랫동안 죽어있던 경복궁을 살린 이는 살아있는 임금의 아버지 흥선대원군이었다. 그는 외척인 안동김씨에 오랫동안 휘둘려왔던 왕실의 권위를 세우기 위해 경복궁 중건이라는 카드를 꺼내 들었다. 온갖 무리수가 동원되었지만 결국 경복궁 재건에는 성공했다. 하지만 정작 조선은 위태로워지고 만다. 그리고 기껏 만들어놓은 경복궁은 비극의 무대가 되고 말았다.

## ❀ 비극의 무대, 건청궁 안 곤녕합

1873년, 경복궁 중건이 대략 마무리될 즈음 고종은 경복궁 뒤편에 건청궁을 짓는다. 궁궐 안에 또 하나의 궁궐을 지은 셈이다. 건청궁의 한옥들은 단청을 칠하지 않아 언뜻 보면 사대부의 저택 같다. 복잡하고 보는 눈이 많은 침전을 떠나 조용하게 지낼 공간이 필요했던 고종과 명성왕후가 별장처럼 사용하기 위해 지은 것으로 고종이 머물던 장안당과 명성왕후가 머물던 곤녕합으로 크게 나뉜다. 배치나 역할로 보아 사대부 저택의 사랑채와 안채로 볼 수 있다.

건청궁은 조선에서 가장 먼저 근대화 문물을 접한 곳이다. 처음 전등이 설치된 곳도 이곳이었다. 이때가 1887년으로 에디슨이 전등을 발명한 지 불과 7년 정도밖에 지나지 않은 시점이었다.

한밤중에도 대낮처럼 환해졌다는 사실에 많은 사람이 놀랐지만 전등을 켜는 일은 쉽지 않았다. 일단 전등을 켜기 위한 발전기의 냉각수로 향원정의 물을 썼는데, 물의 온도가 올라가 물고기가 쪄 죽는 일이 벌어졌다. 전등의 성능 또한 시원찮아 멋대로 꺼지곤 해서 사람들은 이를 건달불이라 부르기도 했다. 장안당 뒤쪽에는 관문각이라는 서양식 건물이 지어지기도 했다.

하지만 1885년 을미년에 일어난 비극적인 사건이 건청궁과 조선의 운명을 결정짓고 만다.

앞서 '덕수궁과 정동' 산책길에서도 이야기했지만, 명성왕후 시해사건은 굉장히 이해하기 힘든 비극적인 사건이라 할 수 있다. 한 나라의 왕비를 다른 나라의 공사가 사주한 군대와 낭인들이 죽이고 시신까지 불태워버린 만행은 세계사 어디에서도 찾아보기 어렵기 때문이다.

메이지유신을 단행하고 난 일본에서는 곧 조선에 대한 정한론이 일어난다. 정한론에 대한 찬반이 아니라 지금 당장 감행할지 아니면 힘을 기르고 난 후 감행할지가 논쟁의 핵심이었다.

결국 운요호 사건을 일으킨 일본은 조선과 강화도 조약을 체결하면서 세력을 확장하는 데 성공한다. 그리고 조선에 대한 종주권을 주장하던 청나라와 1894년 전쟁을 벌인다. 그리고 서구식으로 군대를 양성한 일본은 연전연승을 거두면서 청나라를 몰아내는 데 성공한다.

조선 침략에 성공한 일본은 곧 만주와 타이완까지 차지하려는 야심을 숨기지 않았다. 그 순간 러시아가 등장한다.

프랑스와 독일까지 옆에 끼고 나타난 러시아는 일본이 차지한 이권들이 너무 많다며 토해낼 것을 강요한다. 러시아는 둘째 치더라도 프랑스와 독일까지 맞서 싸울 여력이 없던 일본은 결국 타이완만 차지하고 물러나야만 했다. 일본의 침략에 전전긍긍하던 고종과 명성왕후는 러시아에 주목한다. 일본이 늑대였다면 러시아는 호랑이였던 것이다.

특히 명성왕후는 러시아 공사 베베르의 먼 친척인 손탁 여사를 통해 러시아와의 협력을 강화했다. 이런 상황에 일본은 초조해졌다. 막대한 전비와 인명피해를 감수하면서 전쟁을 벌였는데 아무것도 얻지 못하고 밀려날 수는 없었던 것이다. 결국 특단의 대책을 세우는데 '늙은 여우 사냥'이 그것이다. 여기서 그들이 말한 늙은 여우는 바로 명성왕후였다.

일본의 계획은 나름 치밀했다. 조선 조정이 일본식으로 훈련시킨 훈련대를 해산시키려고 하자 이에 분개한 훈련대가 반란을 일으켜 명성왕후를 죽인다는 것이 그들의 시나리오였다.

하지만 돌발 상황에 의해 계획이 어그러졌다. 고종을 대신해 자신들과 협력할 상대로 점찍어뒀던 흥선대원군을 설득하는 데 시간이 걸리면서 날이 밝은 것이다. 결국 일본 낭인들이 합세해서 경복궁에 난입했고, 훈련대장 홍계훈을 죽이고는 건청궁으로 쳐들어갔다. 이들은 명성왕후를 찾기 위해 궁녀들을 협박하다가 한 명씩 죽였다. 이윽고 도망치던 명성왕후를 곤녕합의 모서리 옥호루에서 찾아내 죽이고 시신을 불태워버린다.

일본의 만행 이후 고종은 유폐나 다름없는 상태에 놓여 감시를 받았으나 1년 후 엄 상궁의 가마에 숨어서 러시아 공사관으로 탈출하는 아관파천을 단행한다. 한 나라의 임금이 자국의 영토에서 안전을 보장받지 못하고 외국 공사관으로 피신해야만 했다는 사실은 조선의 운명이 얼마나 기울어졌는지 짐작하게 한다.

고종은 이후 경복궁으로 다시 돌아오지 않았다. 앞서 말했듯 아관파천 후 환궁한 곳은 지금의 덕수궁인 경운궁이었고, 헤이그 밀사 사건으로 강제 퇴위한 이후에도 계속 그곳에 머물렀다. 주인을 잃고 버려진 건청궁은 일본의 손에 의해 사라졌다.

옥호루

안 좋은 추억이 있기는 매한가지였던 일본이 1909년 장안당과 곤녕합을 허물어버린 것이다.

이렇게 사라진 건청궁이 복원된 것은 2007년의 일이다. 비극의 무대이긴 하지만 건청궁은 대단히 아름다운 곳이다. 궁궐 안의 별장이라는 생각이 들 위치이기도 하고, 무엇보다 넓디넓은 경복궁을 돌아다니다 지친 몸을 툇마루에 앉혀 쉬게 할 수도 있기 때문이다.

종종 명성왕후시해사건을 다루는 영화나 드라마를 보면 명성왕후가 긴 복도를 도망치다가 낭인들의 칼에 맞는 모습으로 연출되지만, 옥호루는 곤녕합의 모서리를 누각처럼 꾸민 곳으로 뛰어서 도망칠 만한 거리가 아니었다.

곤녕합 옆에 있는 장안당 역시 추수부용루라는 누각이 딸려 있다. 그 누각 옆에는 윗부분이 벽돌로 되어있는 필성문이 있다. 여기를 통해 밖으로 나가서 작은 다리를 건너면 넓은 공터가 나온다. 그리고 오른편에 조금 독특하게 생긴 집옥재가 나온다.

## ꕥ 지붕에 용이 사는 집, 집옥재

집옥재는 본래 경복궁에 있던 건물이 아니다. 원래 창덕궁에 있었는데 고종이 건청궁 옆으로 옮겨오도록 한 것이다. 분해와

조립이 가능한 한옥의 장점이 빛을 발한 순간이다.

집옥재는 왼쪽에는 팔각정 형태의 팔우정, 오른쪽에는 전통 한옥인 협길당과 한 세트로 만들어졌다. 그중 눈에 띄는 것이 한옥인 듯 한옥 같지 않은 집옥재이다. 가까이서 보면 이상한 점을 찾아볼 수 있다. 일단 양쪽 벽이 벽돌로 되어있고, 뒤쪽도 벽돌로 되어있다. 지붕 양쪽 끝에 용이 한 마리씩 앉아서 꼬리를 높이 치켜든 채 서로 마주 보고 있다. 집옥재라는 현판 역시 가로가 아니라 세로로 쓰였다.

왼쪽의 팔우정 역시 범상치 않다. 돌기둥 위에 팔각형 형태라는 것도 독특하지만 바깥 또한 온통 유리창이 끼워져 있다. 유리창은 집옥재와 팔우정, 그리고 협길당을 연결하는 짧은 행랑에도 부착되어있다. 지금이야 흔하지만 집옥재가 세워졌던 19세기 후반의 조선에서 유리는 굉장히 희귀한 자재였을 것이다. 거기다 건물의 외관에서 중국풍이 물씬 풍기고 있다.

고종은 건청궁 옆으로 집옥재를 옮기고 서재로 쓰거나 외교관을 접견하는 장소로 사용했다. 외교관과의 접견을 염두에 두어서인지 집옥재는 건청궁과는 달리 단청이 칠해져 있다. 내부의 벽과 지붕 역시 대단히 세심하게 단청과 문양을 넣었다.

오른쪽의 협길당은 고종의 침소로 사용되었던 것 같다. 팔우정의 정확한 용도는 알 수 없지만 아마도 책을 읽던 장소가 아니었을까 싶다. 중국 자금성에 있을 법한 집옥재가 경복궁 깊숙한 곳에 지어진 것으로 보아 19세기 후반 청나라의 영향력

팔우정과 집옥재

신무문 밖으로 나오면 보이는 청와대

은 대단했던 것 같다. 어떤 면에서 보면 일본보다 더 혹독하게 조선을 괴롭혔던 청나라는 자국의 방식에 맞추어 개방할 것을 강하게 압박했던 터다. 집옥재에서는 그런 압박의 흔적들을 엿볼 수 있다.

이곳은 비교적 원래 용도에 맞게 활용되고 있다. 즉 집옥재는 도서관으로 변신했고, 팔우정은 카페로 바뀌었다. 건청궁에서 쉬지 않았다면 이곳에 잠깐 머물면서 이국적인 분위기에 취해보는 것도 괜찮다.

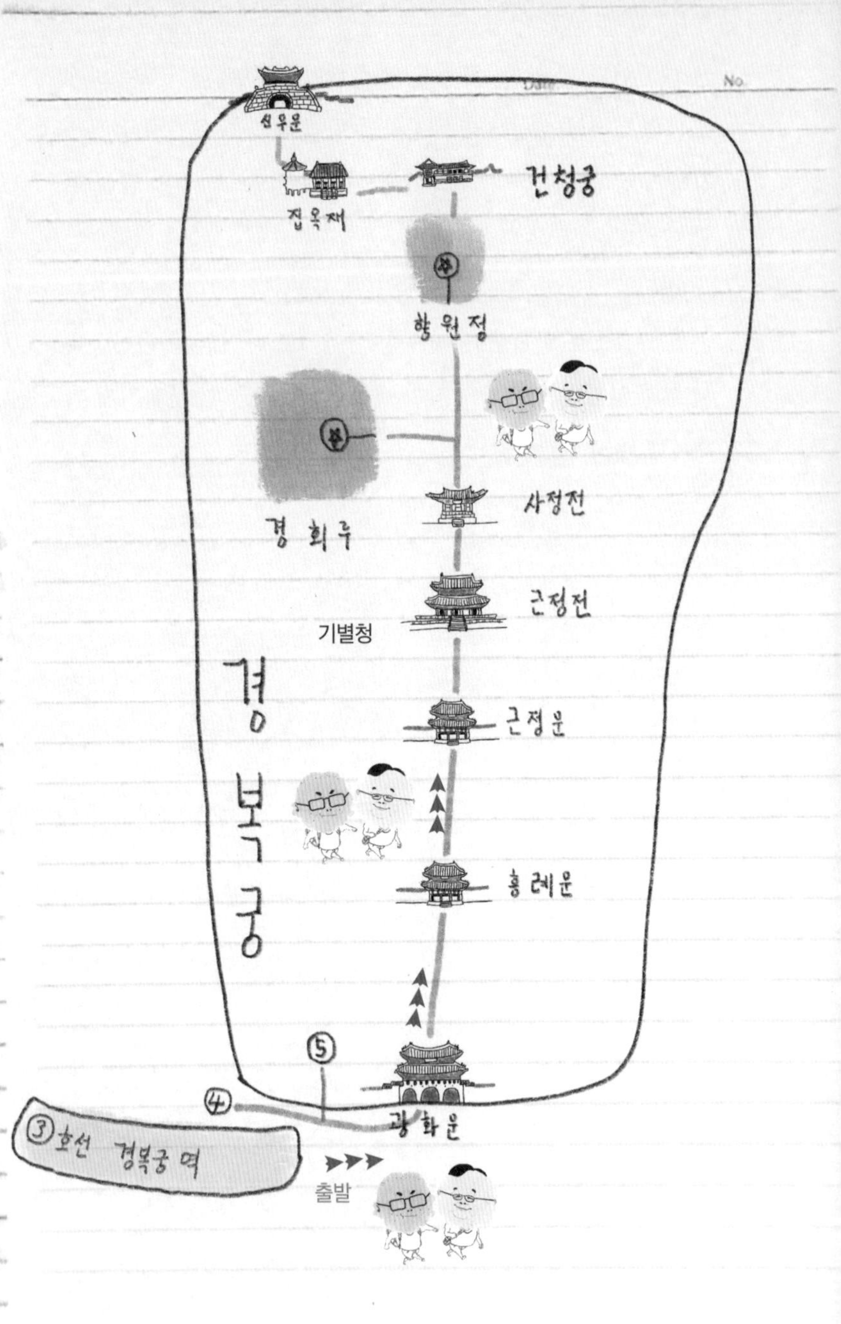
No.
신무문
집옥재
건청궁
향원정
경회루
사정전
근정전
기별청
경복궁
근정문
흥례문
⑤
④
광화문
③호선 경복궁역
출발

### ❀ 이곳으로 가는 길

지하철 3호선 경복궁역 5번 출구로 나오면 경복궁 안에 있는 국립고궁박물관 쪽으로 나올 수 있다. 경복궁으로 오는 가장 편한 코스다.하지만 광화문을 멀리서부터 보고 싶다면 5호선 광화문역 2번 출구로 나와서 광화문 쪽으로 직진하면 된다.

### ❀ 근처에 가볼 만한 곳

광화문역으로 나온다면 오는 길에 대한민국 역사박물관을 들러볼 수 있다. 특히 옥상 전망대에서는 경복궁을 내려다볼 수 있다. 만약 집옥재까지 갔다면 북쪽의 신무문으로 나가보자. 뉴스 화면에서 나오는 청와대의 전경을 코앞에서 볼 수 있을 것이다. 여기서 오른쪽으로 가면 삼청동으로 내려가는 길이 나오고 왼쪽으로 가면 서촌으로 가는 길이 나온다.

여섯번째 산책

# 한옥의 바다 속으로

백인제 가옥과 북촌

TAXI

## 북촌

서촌이 아무렇지도 않은 90년대 느낌이라면 북촌은 연출된 아무렇지도 않은 느낌이다. 언젠가 봤던 영화 〈북촌 방향〉에서 느낀 사람 사는 모습과 많이 닮았다고 하면 아마도 맞을 것 같다. 너무 아무렇지도 않아 영화 속 잘 짜인 일상 같은.

그것이 굳이 나쁘거나 밉다는 얘기는 아니다. 북촌에 오면 북촌의 일상을 즐기면 되는 것. 나는 가을볕 노란 기와와 경사진 골목길 고양이 그리고 가깝고 높은 산을 모두 즐기기로 했다.

한들한들 걷는 북촌은 어지러운 전깃줄까지도 예쁘다.

## 아내와 다시 북촌을 찾는다면

신혼 때 아내와 북촌에 왔던 기억을 떠올렸다. 여간해선 어디 다니기를 피하는 나는 나름 큰마음 먹고 움직인 건데, 그땐 어디로 다녔던 건지 고생만 하다 집으로 돌아왔었다.

많은 인파에도 이렇게 한산한 거리를 그땐 왜 찾지 못했을까? 마흔이 한참 넘어 나는 착한 남편이 되려는지 좋은 것을 보면 아내에게 못 해 준 게 생각난다.

아이가 조금 더 크면 이곳을 아내와 걸어야

겠다. 그때는 조금 더 정성을 기울여 좋은 길도 찾아보고 분위기 좋은 가게도 먼저 알아봐야겠다. 그리고 마주 앉아 그간 내게 잘해준 모든 것을 조목조목 칭찬하고 감사해야겠다. 삶은 어차피 망해가는 방향으로 늙어가지만, 항상 내 옆에 있어 줄 아내만이 꽃처럼 내 편이 되어줄 테니 늦기 전에 그 사랑스러움에 대해 면밀히 말해줘야겠다.

## 북촌 한옥과 인파,
## 차라리 고양이가 되어도 좋은

일행을 따라 가을볕 노란 북촌 골목에 서니 나는 잘 마른 솜이불처럼 사각거리는 마음으로 아무런 걱정도 없었다. 사각거림을 즐기는 사람들, 묵연히도 유연한 기와지붕들은 잘 마른 솜이불처럼 포근해서 먼발치 도심 속 일상으로부터 숨겨주듯 이어져 있다.

마치 '바쁜 일상은 기와지붕 너머에 두고 게으르게 걸어봐'라고 말해주는 것 같은 기다란 골목.

나는 어느 골목에나 있을 것 같은 게으른 고양이를 부러워했는데, 이 거리를 걸을 때는 충분히 게을러도 죄가 될 것 같지 않았다. 차라리 고양이가 되어도 좋을 것 같았다.

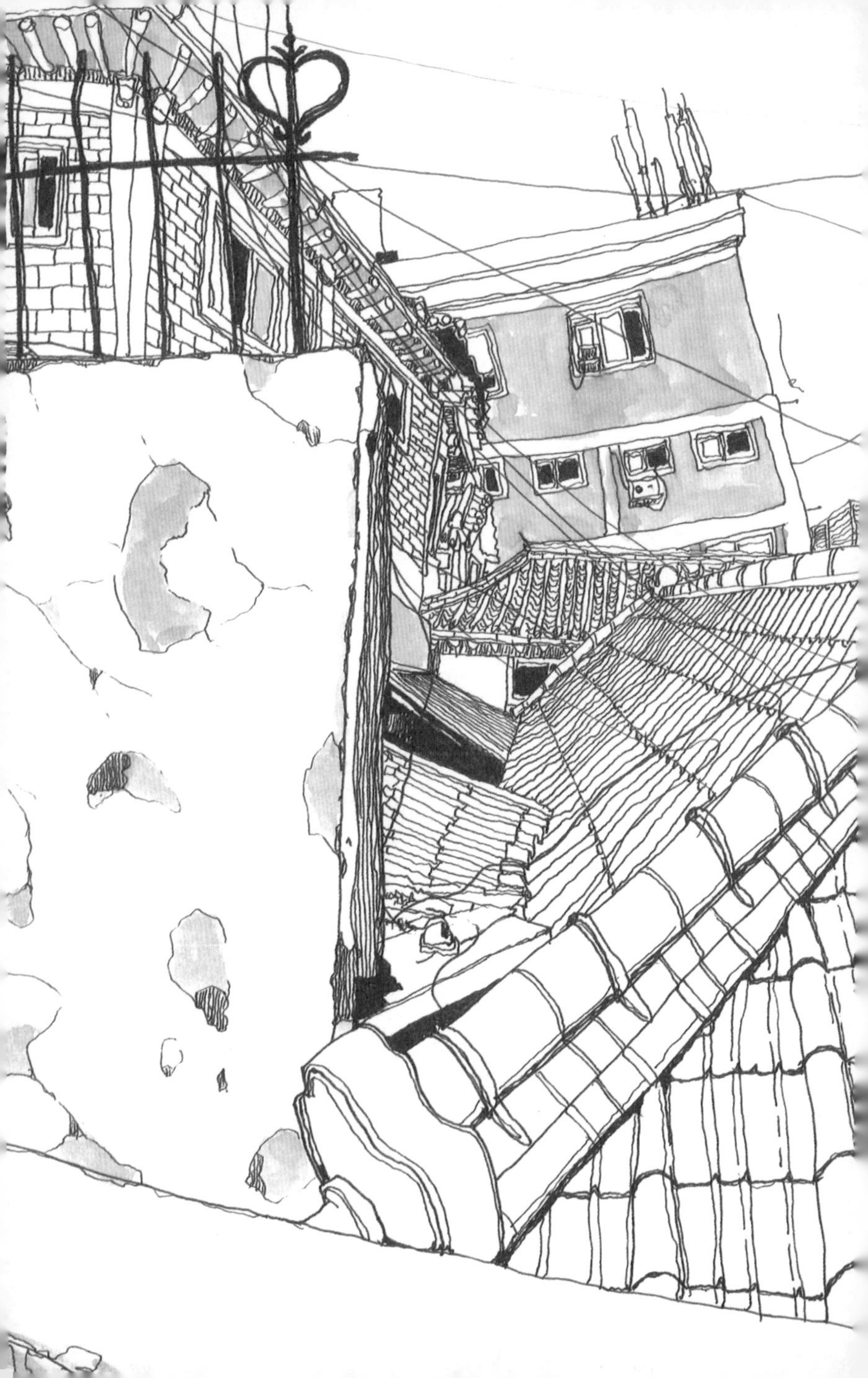

## 북촌 낡은 지붕,
## 상냥한 스무 살을 대하듯 공평한 노랑처럼

스무 살처럼 노오란 가을볕은 공평하기도 하지. 고양이 기분 좋은 담장에도 아무 관심 없는 낡은 지붕에도 설탕 같이 내려앉았다. 나는 이런 가을볕의 상냥함을 그리려 차라리 북촌의 낡고 구석진 곳을 찾았다. 어떤 이는 내게 구석지고 낡은 것도 예쁘게 묘사하니 대단한 재주라고 말하지만, 사실 아름다움은 아름답지 않다고 생각한 곳에서 더 많이 찾을 수 있다. 잘 차려입은 신사보다 취객의 흐트러진 옷깃에서, 강남의 높은 빌딩보다 낡아 둥글해진 달동네에서.

아무도 안보는 지붕을 그리며 아름다움은 관심의 문제라고 생각했다. 상냥한 스무 살을 대하듯 공평한 노랑처럼 말이다.

## 북촌 담장과 남산, 지친 여행자의 소리

서울이 잘 보이는 북촌길 어느 담장에서 솨~ 아 솨~ 하는 공기의 소리를 들었다. 봄에 서촌에서 들었던 반가운 그 소리다. 나는 멍하게 서서 이 소리가 만들어지는 과정에 대해 생각했다.

혹시 어딘가에 소음이 빛에 산화되고 공기에 부서져 힘겹게 내 귀까지 다다른 건 아닌지. 나

는 이토록 지친 여행자 같은 솨~ 소리에 눈을 감아버렸다. 아이들 웃음과 노란 별이 합쳐져 공기가 농밀하다. 농밀한 공기에 담장과 남산타워 사이 원근이 불분명하다. 넋 놓고 서 있어도 괜찮은 북촌길이어서 참 좋다.

## 백인제 가옥, 비와 술을 부르는 정원

백인제 박사의 사택이라는 '백인제 가옥'은 각각의 작은 공간을 담으로 나눈 구조인데, 문을 지날 때마다 느껴지는 공간별 다른 느낌이 흥미롭다. 궁과 다르게 좁은 마당은 어쩐지 일본식 정원의 느낌으로 아기자기하다. 액자 같은 문 너머에 정갈한 마당은 왠지 비라도 내린다면 추녀 밑에서 탁주를 해야 할 것 같은 충동을 부른다. 편안한 마음으로 뭔가를 하고 싶은 마음이 드는 집은 생각만으로도 행복하다. 비를 바라고 술을 떠올린 마당의 한쪽을 그림으로 남긴다. 화창한 날이었지만 그림 속 정원은 바람이 불고 비가 내리기 바로 전 모양으로.

## 여인이 있는 백인제 가옥,
## 우연한 미장센

한옥은 신기하기도 하지. 비를 바라게 하던 다정한 문의 반대편은 낯빛을 싹 바꾸어 비장한 느낌마저 들었다. 때마침 바람에 나뭇잎들은 사라락 사라락 큰 소리로 울어 을씨년스럽다. 긴 담장의 패턴이며, 올려다보이는 무거운 추녀는 문 안의 사람을 지난한 운명의 주인공으로 만들기에 충분한 미장센을 연출했다. 어떤 일이 벌어지기 전에 자신도 모르는 새 이렇게 우연한 미장센에 서게 되는 건 아닌지, 나는 엉뚱한 생각으로 한참을 진지했다. 이토록 다양한 느낌의 집이라면 감정 상태에 따라 어울리는 공간에 머물면 좋겠다는 생각도 했다.

## 백인제 가옥, 장독대가 있는 뒤뜰

정 작가는 한옥의 아름다움 중 큰 부분을 뒤뜰에서 찾았고, 나는 찾는 이 드문 곳을 관찰하기 좋아하는 이유로 중년의 남자 둘은 자주 뒤뜰에 있었다. 이날도 둘은 서로 어디를 관찰하는지 관심도 없이 각자의 기준에서 아름다움을 찾아 돌아다녔다.

그날은 유독 심한 바람에 나무가 울고 그림

자는 일렁거려 한옥은 화가 난 듯 낯설었다. 뒤뜰은 앞마당과 달리 큰 나무가 많은 탓에 변덕이 심한 거겠지. 정 작가가 찾는 뒤뜰의 아름다움도 이런 변화가 아닐까 생각했다. 한옥의 뒤뜰에선 바람에 격정적인 초록도, 풀냄새 조용한 보라도 농밀하게 스며든다.

## 백인제 가옥에서 본 북촌,
## 삶은 어쩔 수 없이 망해 가지만

나는 중년이 넘은 삶은 어쩔 수 없이 망해가는 방향으로 갈 수밖에 없다는 생각을 했다. '망해가는'이라는 단어를 쓰니 다소 염세적인 느낌이지만 사실 그렇게 우울한 뜻은 아니다. 그저 시간에 산화돼 형체가 소실되어 가는 모양을 표현하기에 적당하다고 생각했을 뿐이다. 그런 의미로 이곳 북촌의 망해가는 풍경은 내 나이처럼 흔들흔들 정겹다. 흔들림이 없어진다고 하여 '불혹'이라 하던데, 나는 오십이 다 되어가는 나이가 부끄럽다. 공평한 노란빛 아지랑이에 흔들거리며 산화되어가는 낡은 지붕들이 아무렇지도 않아 다행이다.

## 북촌 드로잉, 백지 공포

명징한 느낌이 머리를 때릴 때가 아니라면, 누구나 그림 작업을 시작하려 백지를 대할 때 두려울 것이다. '백지 공포', 그건 처음 선을 긋기도 막연하지만 첫선의 방향에 따라 그림 전체의 흐름이 정해지기 때문이다.

북촌의 마지막 여정을 담으려 가장 아무렇지도 않은 골목을 골랐다. 이토록 아무렇지도 않은 골목을 대하는 순간에도 잠시나마 머뭇거렸던 건 부끄러운 일이다. 이 오래된 골목에 첫 돌을 놓았을 때도 많은 머뭇거림이 있었겠지. 나는 또 얼마나 그려야 이 골목처럼 아무렇지도 않은 그림을 그릴 수 있을는지, 그러기엔 삶은 너무 짧고 몸은 점점 산화하며, 나는 너무 게으르다.

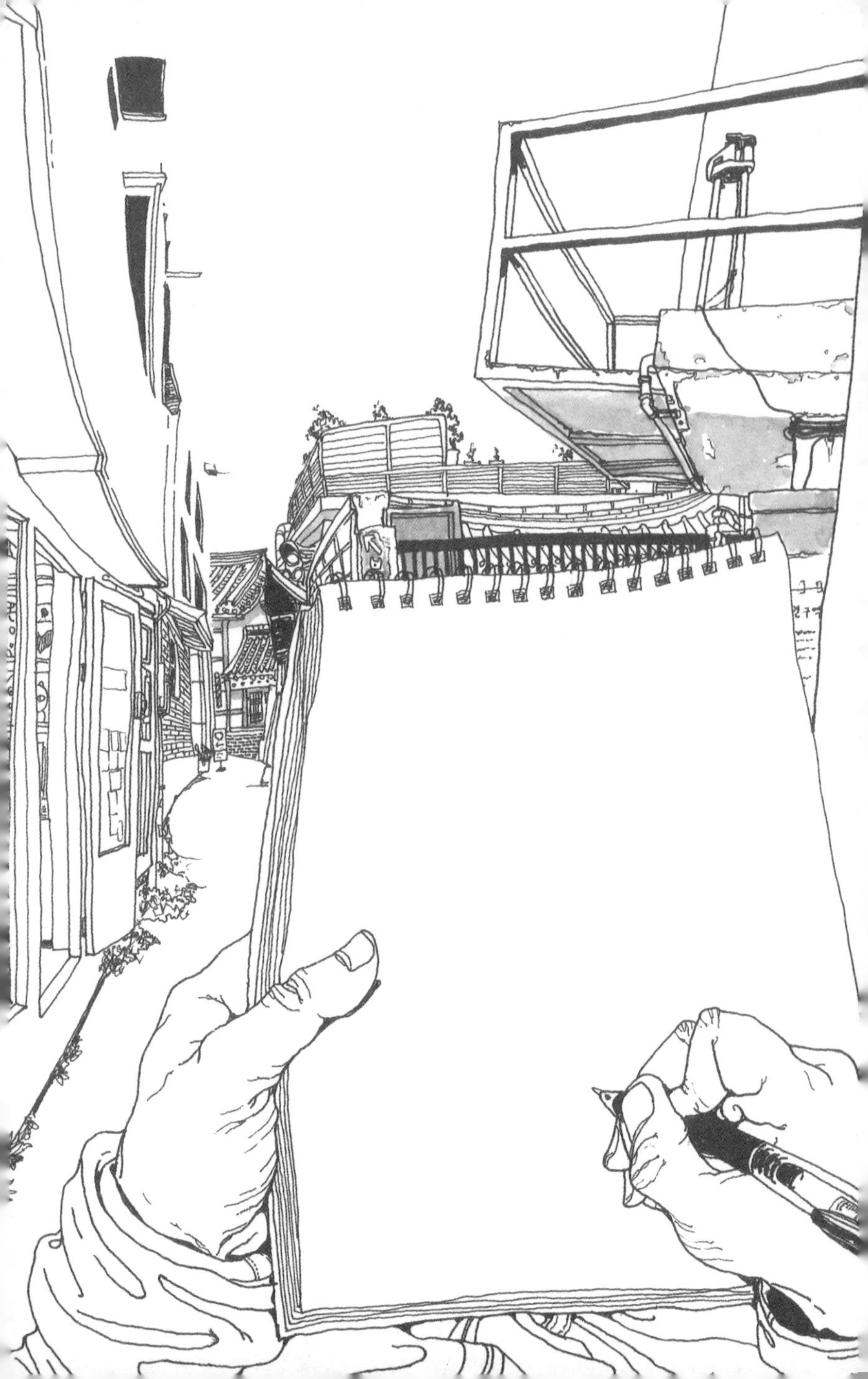

## ❀ 북촌으로 가는 길

조선 시대 재력이 넘치는 권세가는 북쪽에 살았다. 정확하게는 경복궁과 창덕궁 사이에 있는 북악산 자락에 자리를 잡았다. 반면 한양의 가장 남쪽인 남산에 모여 사는 가난한 선비들은 짚신을 아끼려고 맑은 날에도 나막신을 신고 다녀서 '딸깍발이'라는 별명을 얻었다.

현재 북촌 한옥마을이라고 일컬어지는 이 지역은 전통 한옥 대신 일제강점기 때 집중적으로 지어진 근대 도시형 한옥이 남아있다. 하지만 서울에서는 흔히 볼 수 없는 한옥밀집지역이라 국내외 관광객들이 찾는 대표적인 명소가 되었다.

북촌을 가는 코스는 여러 개이지만 내가 좋아하는 코스는 안국역 1번 출구로 나와서 올라가는 길이다. 이곳으로 올라가면 중간중간 우리가 잘 모르는 역사와 만날 수 있다. 야트막한 오르막길의 오른쪽에는 크고 작은 상점들이, 왼쪽에는 고풍스러운 분위기를 자랑하는 덕성여고가 나타난다.

계속 가면 한옥들이 하나둘 모습을 드러낸다. 붉은 벽돌과 하얀 벽이 눈에 띄는 안동 장로교회를 지나면 오른쪽에 담장이나 행랑채보다 높은 '솟을대문'이 있는 한옥이 보인다. 실용성을 중시하는 최근의 건축과는 달리 전근대 건축에서 중요한 것은 그곳에 사는 사람의 신분을 드러내는 상징성이었다.

집에 사는 사람이 보통의 사람보다 크지 않은 이상 굳이 높을 필요가 없는 대문을 높인 이유는 집에 사는 사람의 신분을 과시하면서 권위를 보이기 위해서이다. 신분 질서를 중시하던 조선에서 가마를 타고 다닐 수 있던 사람들은 극히 소수였다. 사람이 매고 가는 가마는 높기 때문에 대문을 높이지 않으면 드나들 때 걸린다. 따라서 솟을대문이 있다는 것은 그 집의 주인이 가마를 타고 드나들 정도로 높은 관직에 있거나, 그런 관직에 있었다는 의미이다. 조선 시대 사람이라면 단숨에 그 집에 사는 사람의 지위와 권력을 짐작할 수 있었을 것이다.

시간이 흐르면서 너나 할 것 없이 솟을대문을 지으면서 그런 의미는 희미해졌지만 적어도 그 정도의 큰 집을 짓고 살 수 있을 만큼의 재력이 된다는 것은 보여줄 수 있었다.

## ❀ 한옥과 감시탑

이곳 솟을대문이 있는 집은 1870년경에 지어진 것으로 추정된다. 99칸의 기와집으로 지어졌는데 철종의 딸인 영혜옹주와 혼인해서 금릉위라는 지위를 얻은 박영효가 소유했다. 이후 윤치소라는 인물이 이 집을 매입해서 현재까지 후손들이 살고 있다. 아직까지는 개방되지 않고 있어 내부 구조가 어떤지 돌아볼 수는 없지만, 관련 자료를 보면 사랑채와 안채 등으로 구성된 전통적인 한옥의 형식에 서양식 정원과 벽채에 벽돌을 사용하는 등 시대의 변화가 공존하고 있다.

이 집을 사들인 윤치소의 아들이 바로 윤보선으로 현재 이 집은 '윤보선 가옥'이라고 불린다. 서울 시장과 국회의원 등을 역임한 그는 4.19 혁명으로 쫓겨난 이승만 대통령의 후임으로 제4대 대한민국 대통령에 선출되었다. 5.16 쿠데타로 쫓겨난 후에는 야당의 지도자로 자리매김했다. 그런 사연을 상징적으로 보여주는 건축물이 윤보선 가옥 맞은편에 있다.

솟을대문에서 약간 위쪽으로 올라가면 괴상하게 생긴 건축물이 하나 나온다. 출판사 간판이 붙어있긴 한데 층층마다 벽체와 창문의 모양이 다르고 크기도 제각각이다. 1층은 시골 별장에서 흔히 볼 수 있는 통나무 벽체이고, 2층과 3층, 4층은 하얀색 페인트가 칠해져 있다. 제일 꼭대기는 80년대에 흔히 볼 수 있었던 화강암 판석으로 되어있다. 그나마 넓이라도 같으면

윤보선 가옥

중정 감시탑

봐줄 만하겠는데 위쪽으로 올라갈수록 좁아진다.

한술 더 떠서 옆에는 엘리베이터 기둥같이 생긴 게 붙어있다. 이 괴상한 집의 용도는 '감시'였다. 쿠데타로 집권한 박정희 대통령에게 전임 대통령이자 야당의 지도자인 윤보선은 눈엣가시 같은 존재였다. 그래서 그의 집에 김대중과 김영삼 같은 야당 정치인이 드나드는 것을 감시하기 위해 바로 길 건너편 집에 중앙정보부 요원들을 상주시켰는데, 내친김에 내부까지 감시하기 위해 증축을 거듭하면서 지금의 모습이 된 것이다. 거주나 생활이 목적이 아니라 오로지 맞은편 집을 감시하는 것이 목적이었기 때문에 나름 평범했을 이 집은 괴물처럼 변해버렸다.

아프고 고통스러운 현대사의 흔적을 지나 조금 더 올라가면 길이 좌우로 나뉜다. 묘하게도 왼쪽 집은 담쟁이 넝쿨이 있는 한옥이고 오른쪽은 갤러리로 쓰이는 현대식 가옥이다. 그리고 두 집 사이에는 좁은 골목길이 있고, 그 앞에는 조선어학회 터 표지석이 보인다.

## ❀ 말과 혼을 지키던 곳

시대가 어두우면 당연한 것을 지키는 데도 목숨을 걸어야 한다. 일제강점기 우리말을 연구하고 지키는 일이 그러했다.

조선어를 연구하기 위해 만들어진 조선어학회는 1921년

12월에 만들어졌다. 한말부터 꾸준히 연구되어온 한글을 좀 더 전문적으로 연구하고자 최현배와 이극로 등이 주축이 되어 만든 단체다. 이들은 한글의 우수성을 널리 알리는 한편, 그때까지 통일되어있지 않던 단어와 맞춤법 등을 연구했다.

1927년부터는 〈한글〉이라는 잡지를 발간했고, 1929년에는 《조선어사전》을 편찬하기 시작했다. 1931년에는 학회 이름을 조선어학회로 바꾸고 1933년에는 한글 맞춤법 통일안을 발표했는데 이는 현재에도 한글 표기의 기준이 되고 있다.

조선어학회의 활발한 활동은 일본의 심기를 거슬렀다. 특히 중일 전쟁이 터진 1930년대 후반부터 일본은 노골적으로 한글의 사용을 금지하고, 일본어와 일본 글을 사용할 것을 종용했다. 그런 상황에서 조선어를 연구한다는 것은 목숨을 거는 것이나 다름없었다.

결국 1942년, 일본은 사소한 사건을 빌미로 조선어학회 회원 30여 명을 체포한다. '조선어학회 사건'으로 불리는 이 사건으로 수감된 회원들은 혹독한 고문을 받았고, 이윤재와 한징 등은 감옥에서 숨을 거두고 만다.

이들이 다시 풀려난 것은 광복 이후였다. 고문 후유증에 시달리던 그들은 아픈 몸을 이끌고 못다 한 사전 편찬 작업을 위해 다시 모였다. 조선어학회는 한글학회로 이름을 바꾼 채 오늘날까지 명맥을 유지하고 있다. 골목길의 표지석은 조선어학회가 이곳에 있었다는 사실을 알려준다.

이곳에 조선어학회 사무실이 자리 잡을 수 있었던 것은 정세권의 도움이 결정적이었다. 북촌에 있는 한옥의 상당수를 만든 정세권은 기업가이면서 독립운동 단체들을 후원했다. 같은 시기 다른 조선인 사업가들이 친일의 길을 걸었던 것과 비교해보면 여러모로 다른 선택이다.

그는 변절하기 전 이광수를 후원했으며, 조선물산장려운동에 참여했다. 조선일보 사장을 역임했던 독립운동가 안재홍과 한글학자 이극로와 가깝게 지냈으며, 조선어학회가 사무실이 없다는 얘기를 듣고는 표지석이 있는 그 자리에 집을 지어서 기증했다. 조선어학회 회관을 지어준 셈인데 1층은 조선어학회를 이끌고 있던 이극로의 살림집으로 2층은 사무실로 사용했다. 거처가 정해진 조선어학회는 이곳에서 사전 편찬 작업에 박차를 가했고, 발간을 눈앞에 둔 상태에서 일본 경찰에게 체포된 것이다.

이 좁은 골목길을 드나들면서 사전을 완성해가던 조선어학회 회원들의 바쁜 발걸음을 떠올려본다. 역사는 궁궐이나 커다란 건축물에만 있는 곳이 아니라 이렇게 좁고 허름한 골목길에서도 이루어진다는 사실을 새삼 깨달았다.

조선어학회 표지석에서 윤보선길이라고 명명된 오른쪽 길로 걷다 보면 비스듬하게 교차된 사거리가 나온다. 길을 건너 맞은편 갤러리 옆의 좁은 골목길을 쭉 걸어가면 커다란 한옥이 나온다. 그 왼쪽으로 한 칸 옆에 오늘의 목적지 중 하나인 백인제 가옥이 있다.

조선어학회 터 표지석

## ❀ 이름이 있는 가옥

안내소와 화장실이 있는 공터에 백인제 가옥으로 올라가는 가파른 계단이 보인다. 윤보선 가옥처럼 솟을대문이 있는데 계단 위에 있어서 그런지 한층 위압적으로 느껴진다. 그나마 백인제 가옥이라는 한글 현판 덕분에 딱딱한 분위기가 조금이나마 누그러진다.

백인제 가옥은 현재 서울 역사박물관에서 관리하고 있으며, 입장료 없이 들어갈 수 있다. 하지만 내부를 돌아보려면 사전 예약을 하고 해설사와 함께 다녀야 한다. 이왕이면 사전 예약을 하고 내부까지 돌아보는 것이 좋다. 어떤 집이 사람의 이름으로 불린다는 것은 여러 의미를 지니고 있다. 그곳에 아주 오래 지냈든지 혹은 명망이 있다든지.

북촌에 있는 백인제 가옥은 후자에 가깝다. 실제로 백인제가 이곳에 머문 시간은 그리 길지 않다. 그런데도 그의 이름이 가옥에 붙었다는 것은 앞선 사람들의 이름을 차마 붙이지 못했다는 것을 의미한다. 백인제 가옥은 이름부터 집의 형태까지 뒤틀린 근대사의 흔적을 역력하게 느낄 수 있는 곳이다. 그래서 북촌에 갈 때마다 항상 들리곤 한다.

백인제 가옥을 처음 만들고 거주한 사람은 한상룡이다. 1880년 서울에서 태어난 그는 관립영어학교를 졸업하고 일본 유학을 다녀온 인물이다. 귀국한 그는 영어학교 교사를 거쳐 외부의 관리로 일하다가 1903년 한성은행 총무부장이 된다.

이때부터 알아주는 친일파로 활동했는데 동양척식주식회사의 설립임원으로도 일했고, 안중근에게 처형당한 이토 히로부미의 장례식 추도위원으로도 활동했다. 일본이 조선을 식민지로 집어삼킨 1910년부터는 한성은행의 전무로도 일했다. 이후에도 조선총독부와 긴밀한 관계를 맺었는데 조선인 실업가로 구성된 조선인 실업구락부의 이사장과 중추원 참의를 지냈다.

그의 친일행각은 1930년대 후반부터 노골적이었다. 자금을 모아서 비행기를 헌납하는 조선 국방비행기 헌납회의 고문으로 일하는 한편, 조선 청년들에게 전쟁터로 나아갈 것을 권유하는 연설을 여러 차례 하면서 강제 징병제를 환영하는 글을 신문에 기고하기도 했다. 이런 활약 덕분에 그는 친일인명사전에 친일파로 이름을 올리게 된다.

백인제 가옥은 그가 한성은행 전무로 일하고 있던 1913년에 완공되었다. 이 집을 지을 때 압록강의 흑송을 가져오고, 크고 작은 집 12채를 허물었다는데 대지가 900평에 건평이 110평이나 되었으니 그럴 만도 했다. 완공기념 만찬에는 당시 조선 총독이었던 데라우치도 참석했다. 당시 매일신보에 참석자들의 기념사진이 실린 것을 보면 데라우치 총독은 물론 야마가타 정무총감, 외삼촌이자 대표적인 친일파인 이완용 백작의 모습도 보인다. 그 정도로 한상룡의 위세는 대단했다.

1923년 한성은행장에 취임하면서 그의 위상은 한층 높아진다. 하지만 일본에 기댔던 그의 전성기는 역설적으로 일본에 의해 끝나버렸다. 그가 은행장으로 취임한 그해 9월 발생한 관동 대지진 때문이다. 친일파답게 도쿄와 오사카에 지점을 만들었는데 관동 대지진으로 도쿄 지점이 무너지고 그 직후 발생한 불황으로 한싱은행 역시 큰 타격을 입은 것이다. 결국 조선총독부는 한성은행을 정리하기로 마음먹고 조선식산은행에 위탁을 맡긴다. 이때 은행 임원들은 마지못해 재산을 헌납해야 했고, 한상룡은 현금 대신 이 집을 내놓는다. 소유권을 넘겨준 한상룡은 가회동으로 이사를 간다.

그가 떠난 집은 한동안 한성은행에서 관리하다가 두 번째 주인을 맞이한다. 개성 출신의 젊은 부자이자 언론인이었던 최선익이다. 아버지가 일찍 돌아가시면서 막대한 재산을 물려받은 그는 몽양 여운형과 함께 조선중앙일보를 경영한다. 이 집도 한창 조선중앙일보를 경영할 무렵인 1935년에 사들인 것이다. 그리고 이곳저곳을 고쳤는데 대문이 원래 위치에서 이곳으로 바뀐 것도 그가 주인으로 있던 시기였다고 전해진다. 일부 기록에는 그가 1944년까지 소유하고 있다가 백인제 박사에게 팔았다고 나오지만 백인제 박사와 가족이 이 집에 거주한 것이 1936년부터였으니, 가옥을 먼저 매입하고 1944년 최선익으로부터 대지를 매입하면서 소유권을 완전히 이전받은 것이 아닌가 싶다.

이 집의 세 번째 주인이자 가옥에 이름이 붙은 주인공, 백인제 박사는 1899년 평안북도 정주에서 태어났다.

그는 독립운동가인 남강 이승훈이 설립한 오산학교를 졸업하고 경성의학전문학교에 입학했다. 머리가 좋은 그는 줄곧 우수한 성적을 거두었으나 1919년 3.1 만세운동에 가담했다는 이유로 체포되면서 학업을 중단해야만 했다.

감옥에서 출소한 후에는 다시 복학해서 수석으로 졸업한다. 하지만 의사면허증은 받지 못했다. 3.1 만세운동에 가담한 이력 때문이다. 결국 총독부에서 운영하는 병원에서 마취과 조수로 2년을 일한 후에야 의사면허를 받을 수 있었다. 이때 마취과에서 일한 경험은 훗날 그에게 큰 도움이 되었다.

일본 제국대학에서 박사학위를 받고 돌아온 백인제는 모교인 경성의학전문학교의 교수로 임명되었고, 수혈의 필요성을 강조하면서 혈액원의 설립을 주장한다. 1932년에는 일본으로 돌아가는 스승에게서 병원을 물려받으며 본격적인 병원 운영에 나선다. 병원이 별로 없던 시절, 뛰어난 실력을 자랑하는 백인제 박사가 운영하는 병원이었으니 사람이 금세 몰렸다. 병원은 증축을 거듭했고, 백인제 박사는 진료에 전념하기 위해 교수직에서 물러났다. 광복 이후에는 재단을 설립해 병원을 운영했다.

한국 전쟁이 터지면서 그는 북한군에게 납북당한다. 그가 떠난 집을 지킨 것은 부인 최경진이었다. 북에 간 남편이 언젠가는 돌아올 것이라 믿은 그녀는 이곳을 떠나지 않았다. 그녀의 고집 덕분에 북촌의 다른 한옥들이 사라질 때도 백인제 가옥은 끝끝내 자리를 지켰고, 2009년 서울시가 매입해 전시관으로 꾸며 일반인에게 개방할 수 있었다.

계단을 다 오르면 문으로 들어가기 전에 뒤를 한번 돌아보자. 맑은 날이면 남산과 남산타워가 한눈에 들어올 것이다. 지금은 높은 건물들이 많아서 덜하지만 예전에는 북촌에서도 비교적 높은 곳에 있던 편이라 시내가 한눈에 들어온다. 한상룡이 12채나 되는 집을 몇 년간에 걸쳐 사들이면서 이곳에 집을 지으려고 고집한 이유도 바로 시내를 내려다볼 수 있었기 때문이다.

백인제 가옥 안으로 들어가면 솟을대문 옆으로 행랑채가 나란히 있는 것을 볼 수 있다. 작은 전시관으로 이용 중인 행랑채의 맞은편에는 붉은색 벽돌 담장이 버티고 서 있다. 조선 시대 사대부들이 살던 곳처럼 하인과 주인이 사는 공간을 엄격하게 구분한 것이다. 솟을대문과 바깥 행랑채는 한옥이지만 내부의 벽이 붉은색 벽돌이라는 점은 전통과 근대가 공존했던 20세기 초반의 상황을 상징적으로 보여준다.

벽돌 담장의 출입문은 모두 두 군데로 사랑채와 안채로 들어가는 문이다. 먼저 사랑채로 들어가 보자. 전통적인 한옥에서는 볼 수 없는 잔디가 깔린 정원과 종이 대신 유리로 외부를 두른 사랑채가 나온다. 이 집이 지어진 1910년대에는 나름 최신 공법으로 유행이었던 듯하다. 사랑채 뒤편에 부엌으로 갈 수 있는 곳과 별당으로 가는 길이 보인다. 담장은 없고 문만 하나 덜렁 있는데 원래는 안채와 사랑채를 나누는 담장이 있었다고 한다. 나중에 백인제 박사가 이곳에서 지낼 때 안채에서도 사랑채 쪽의 정원을 볼 수 있도록 담장을 헐었다고 전해진다. 지금도 문을 따라 담장이 있던 흔적을 찾아볼 수 있다.

내부를 관람하기 전에 이렇게 외부를 대충이라도 둘러보는 이유는 내부 구조를 이해하는 데 도움이 되기 때문이다.

정해진 시간이 되면 해설사가 안채부터 시작해 내부를 돌아보면서 안내해준다. 대청에는 누워서 잘 수 있는 침상이 있고, 그 위에는 두툼하게 솜을 넣은 보료와 사각형 베개인 안침, 그리고 역시 솜을 넣은 등받이 안석이 세트로 놓여있다.

대청 좌우측은 방으로 되어있는데 안방에도 침상과 보료, 안침과 안석이 병풍 앞에 놓여있다. 안방에는 작은 방들이 딸려 있다. 하나는 장롱이 있는 방이고 다른 방은 부엌과 연결되어 있다. 전체적으로 크고 넓은 느낌이 드는 이유는 유리창을 통해 들어오는 빛과 천정이 높기 때문인 듯하다.

이 집의 특징 중 하나는 안채와 사랑채가 연결되어있다는 점이다. 두 곳은 일본 가옥에서 흔히 볼 수 있는 긴 복도로 이어져 있는데 중간에 위로 올라갈 수 있는 계단이 나온다. 현재

백인제 가옥 대문

백인제 가옥 사랑채

백인제 가옥 안채

는 폐쇄된 상태인데 원래는 다다미가 깔린 일본식 구조였다고 전해진다. 백인제 박사가 이 집을 사들인 이후에는 서재로 사용했다.

계단이 있는 긴 복도를 지나면 사랑채로 갈 수 있다. 이곳에 가면 고풍스러운 소파와 테이블, 축음기가 놓여있어서 눈이 휘둥그레진다.

사랑채는 집안의 가장이 머무는 공간이자 손님을 맞이하는 곳이다. 백인제 가옥에서는 거기에 더해 잔디가 깔린 정원을 만들어 연회를 즐길 수 있었다. 그래서 사랑채의 대청이 전통한옥이나 안채처럼 양쪽에 방을 둔 가운데 공간이 아니라 정원 쪽 전체를 차지한다. 한상룡이 이곳의 주인이었을 때 데라우치 총독은 물론 조선을 방문했던 록펠러 2세도 이곳을 방문해 연회를 즐겼다고 한다.

사랑방은 대청 옆에 딸린 형태였는데 워낙 커서 그런지 다른 사랑채 방들보다 커 보였다. 사랑방에는 백인제 박사의 결혼사진도 있다. 사랑채까지 둘러보고 다시 안채로 나오면 못 보던 것들이 몇 개 보일 것이다. 안채와 사랑채가 만나 꺾어지는 지점에 솟아오른 2층의 전경이며, 궁궐에서나 볼 법한 꽃담 같은 것들이다. 사실 이 집도 조선 시대 사대부들이 지을 수 있는 한계치인 99칸을 거뜬히 넘은 113칸에 달한다. 조선이 사라지고 전통처럼 이어져 온 법도들이 무너져 내렸음을 알 수 있다.

안채 마당의 구석에는 지하로 내려가는 출입문이 있다. 검은색 철제 출입문 옆에는 방공호 입구라는 안내판이 있다. 1941년 태평양 전쟁이 벌어지고 승승장구하던 일본은 차츰 미군의 공세에 밀려 1944년에는 일본 근처까지 미 해군이 쳐들어오는 상황이 된다. 하지만 미군의 공습에 시달리게 된 것은 일본뿐만이 아니다. 식민지였던 조선 역시 공습의 공포에 시달렸다. 그래서 관공서는 물론, 학교에도 방공호가 만들어지기 시작했는데, 백인제 가옥 역시 방공호를 만들었던 것이다. 내부는 들어가 볼 수 없지만 내부 구조를 찍은 사진이 안내판에 붙어있다. 광복 이후에는 지하라는 점을 이용해서 와인을 비롯한 술을 저장하는 곳으로 사용했다.

안채와 사랑채를 봤다면 마지막으로 별채를 둘러봐야 한다. 한상룡이 개인적으로 머물던 공간이다. 113칸이나 되는 넓은 공간이었지만 이 집의 상당수, 특히 사랑채는 연회와 접대를 위한 공간이라 한상룡은 따로 있을 만한 공간이 필요했고, 안채와 사랑채와는 좀 떨어진 으슥한 곳에 별채를 만들었다.

별채로 가는 길은 안채 옆으로 돌아가는 길도 있지만 사랑채 후원으로 가는 오솔길을 권한다. 후원을 가로질러 지나면 야트막한 담장 안에 서 있는 누각이 보인다. 안으로 들어가면 작은 별채가 나온다. 오솔길에서 본 누각은 사실 별채에 딸린 누마루이다. 사전 예약을 하면 별채에 들어가서 누마루에 앉아볼 수 있다. 사방이 유리로 되어있는데 뒤쪽으로 북촌의 전경이 한 눈에 들어온다. 이곳에서 보통 해설사의 해설이 마무리 되는데 누마루에 앉아서 이야기를 듣다 보면 바람이 솔솔 불어오는 걸 느낄 수 있다.

별채를 돌아봤다면 정면으로 나 있는 작은 문으로 나가보자. 오른편에는 한상룡이 장인과 장모를 위해 지어준 집이 있고, 왼쪽에는 백인제 가옥 안채의 뒤편에 해당하는 부엌이 있다.

유리와 벽돌을 사용할 정도로 근대성을 자랑하는 집이지만 부엌만큼은 아궁이가 있을 정도로 옛것 그대로이고, 복도로 이어지긴 했지만 안채와 사랑채도 분리되어있다. 문명과 문명, 역사와 역사가 충돌할 때 모든 것을 담고자 했던 마음이 백인제 가옥 곳곳에 남아있다.

### ✿ 한옥들의 천국

백인제 가옥을 둘러봤으면 왼쪽 큰길로 나가보자. 오르막길을 조금 오르다 보면 한복을 입은 사람들이 마치 블랙홀처럼 빨려 들어가는 골목이 보일 것이다. 그들을 따라 가보자. 양쪽으로 한옥이 바다처럼 펼쳐져 있다.

근대화 과정에서 개발이란 명목으로 멸종되어버린 줄 알았는데 이곳의 한옥은 굳건하게 잘 버티고 있다. 그래서 나는 이곳을 종종 '한옥의 천국'이라고 말한다. 사실 한옥은 백인제 가옥처럼 크게 짓지 않는 이상 양옥과 비교해 여러모로 불편하다. 그런데도 사람들이 한옥을 좋아하는 이유는 양옥에서는 볼 수 없는 편안함을 느끼기 때문이다. 특히 하늘을 향해 휘어진 지붕의 선은 봐도 봐도 질리지 않는다. 덕분에 제법 급경사가 이어짐에도 다리가 아픈 걸 느끼지 못한다.

한옥을 구경하는 관광객을 따라가다 보면 높은 담장 위에 있는 팔각정이 보인다. 그 앞은 주차장으로 사용하고 있는데 이 근처에 발걸음을 멈추게 하는 장소가 나온다. 좁은 골목길 양쪽으로 한옥이 쭉 이어지는 가운데 멀리 남산과 서울의 전경이 내려다보이는 가회동 내리막길이 바로 그곳이다.

북촌 8경 중 6경에 해당하는 가회동 내리막길은 북촌에 오는 사람들이 사진을 꼭 남기는 곳이라 항상 관광객들로 가득하다. 이곳을 보고 경복궁이 있는 방향으로 계속 걷다 보면 난간과 만나게 된다. 난간 아래 삼청동이 펼쳐진다. 이 난간을 따라 내려가다 보면 굴러떨어지지 않을까 조심해야 할 만큼 급경사의 계단이 나오고, 이곳을 계속해서 내려가면 삼청동으로 이어지는 그라피티 가득한 골목과 이어진다. 여기부터는 발소리를 크게 내지 않아야 한다. 골목길의 진정한 주인인 고양이가 낮잠을 방해받게 되면 엄청 짜증을 내기 때문이다.

한옥으로 시작해 한옥으로 끝나는 이번 여행길은 이곳을 마지막으로 해서 끝난다. 그 중심에 백인제 가옥이 있었다. 서울 중심가에서 전통과 만날 수 있는 곳이 있다는 것은 행운이자

기쁨이다. 골목길의 미로처럼 뒤엉킨 아픈 역사의 흔적을 본다는 게 조금 괴롭지만 말이다.

역사를 어떻게 걸어야 하는지 정답은 없다. 하지만 애정 어린 눈으로 바라보며 걸어야 한다는 것은 분명하다.

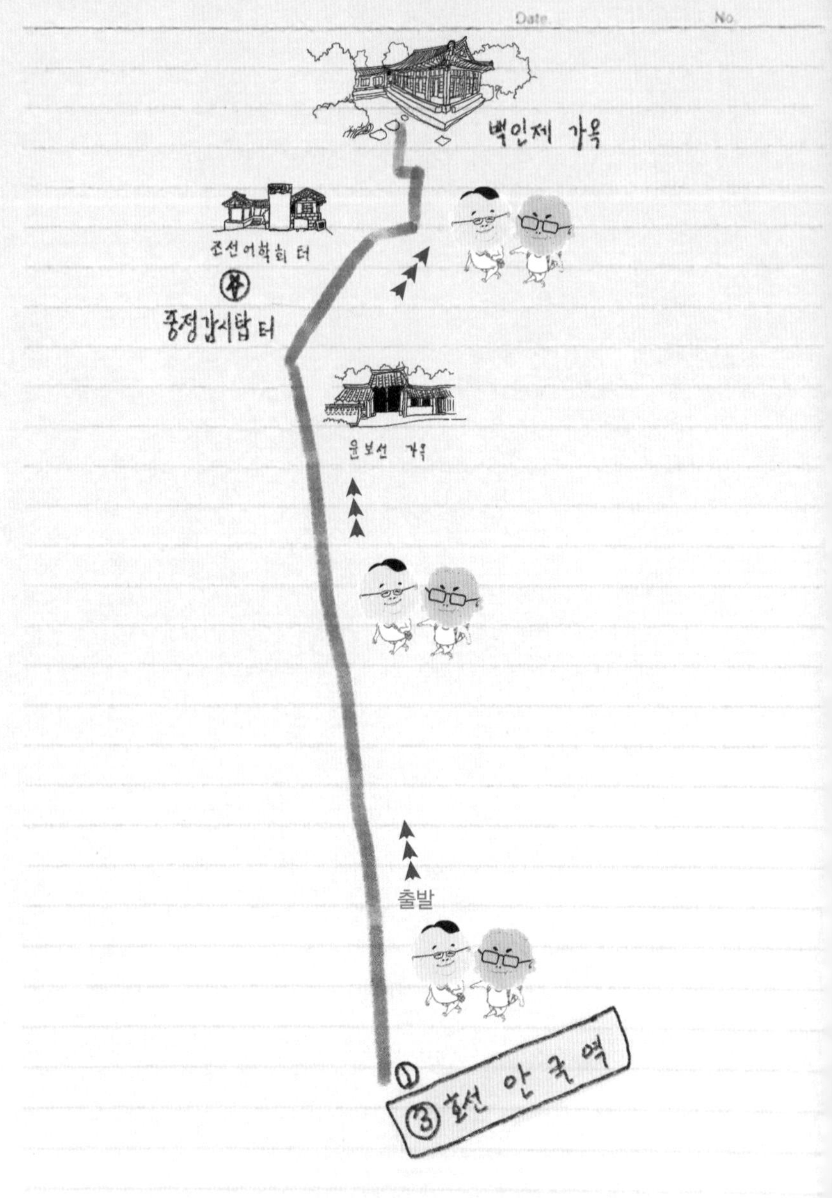

Date.
No.
백인제 가옥
조선어학회 터
중정감시탑 터
윤보선 가옥
출발
① ③호선 안국역

❀ 이곳으로 가는 길

지하철 3호선 안국역 1번 출구로 나와서 오른쪽 골목길로 올라간다. 윤보선 가옥을 지나 조선어학회 터 표지석에서 오른쪽으로 가다 보면 북촌로 5길 교차로가 나온다. 맞은편 현대카드 디자인 도서관 옆 골목길로 쭉 들어갔다가 왼쪽으로 가면 백인제 가옥이 나온다. 백인제 가옥을 둘러보고 나오면 왼쪽 길을 통해 큰길로 향한다. 왼쪽으로 올라가다 보면 관광객들이 다니는 북촌로 11길이 나오고, 안으로 들어가서 오르막길을 올라가면 우리가 아는 북촌이 나온다.

❀ 근처에 가볼 만한 곳

안국역 3번 출구로 나와서 직진하면 창덕궁과 창경궁이 나온다. 이곳을 둘러보고 북촌에 가보는 방식도 괜찮다. 창덕궁으로 가는 길에 있는 계동길도 북촌의 정취를 느껴볼 수 있는 곳이다. 올라가는 길에 있는 북촌 한옥센터에서 관련 정보를 얻거나 툇마루에 앉아 잠시 쉬었다 가도 좋다.

일곱번째 산책

# 상처받지 않은 바람이 부는 곳

백사실 계곡과 부암동

## 백사실 계곡, 가을 계곡은 5℃ 맑은 물

봄에 설레는 마음으로 여정을 시작한 게 며칠 전 같은데 벌써 해가 기울고 풀은 말라 백사실 계곡을 보는 마음엔 아쉬움이 묻어있다. 해의 기울기와 계절의 변화에 민감한 나는 마치 어떤 동물처럼, 변해버린 환경을 보고 듣고 냄새를 맡았다.

나는 이날 가을 계곡물을 5℃라고 생각했다. 자연은 신기하기도 하지. 봄에 서촌 계곡은 졸졸졸 소리로 깃발처럼 나부끼게 하더니, 가을 백사실 계곡은 5℃ 맑은 속에 검붉은 나뭇잎이 마음 쓰여 끝없이 침전케 한다. 나부끼는 마음도, 침전하는 마음도 안기듯 포근해 나는 여정이 끝난 후 이곳을 다시 찾기로 했다.

2018. 9.

No18.9

## 부암동 해바라기

백사실 계곡과 이어지는 마을은 부암동이라 했다. 구경 온 몇 명의 사람들과 고양이 몇 마리가 있는 고즈넉한 거리는 잘 정돈된 모습으로, 복작복작 사람들이 부대끼는 저 아래 서울과는 다른 세상처럼 느껴졌다.

가을의 서울을 그릴 때쯤 왼손의 감성을 알게 된 건 불행 중 얻은 행운이라 생각한다. 부암동 널찍한 지붕들 위로 여름 끝 하얗게 남은 해바라기를 왼손이 아니라면 나는 어떻게 표현해야 했을까?

부암동 언덕길에 서서, 고양이 고즈넉한 곳에서의 여유로운 삶을 생각했다. 해바라기 새하얀 거친 잎처럼 타오르는 그림을 그리고 싶다고도 생각했다.

## 부암동 둘레길, 거리에 우울과 신비

일본의 어떤 주택가처럼 깔끔한 부암동 주택가의 길은 자연스레 숲속 산책로로 이어진다. 조금 걸으니 공간이동을 한 것처럼 극적으로 환경이 바뀌어 나는 몇 번이나 뒤를 돌아보았다. 갑자기 만난 숲속은 가을 해가 기운 탓에 샛노란 빛과 이질적인 보라가 길게 드리워져, 나는 어릴 적 키 크는 꿈과 서둘러 집으로 향하던 저녁의 거리와 조르조 데 키리코의 그림 〈거리의 우울과 신비〉 등을 떠올렸다. 무서운 게 많던 아이는 이제 어른이 되어 빛이 두렵지 않고, 나는 신비로운 부암동 가을 저녁을 딸아이에게 무서운 동화책을 읽어주듯 여유롭게 즐겼다.

## 무엇이 살아도 괜찮을 숲에서

정 작가를 따라 숲으로 가던 우리는 주춧돌만 덩그런 집터를 만났다. 이 터에 어떤 사연이 전설 같이 있는지 정 작가는 열심히 이야기했지만, 미안하게도 나는 또 멍한 채 다른 세상으로의 여행을 떠나버렸다.

'가을 산에는 살찐 동물들이 많겠지?'

집터를 보며 이런저런 가설을 이야기하는 정 작가의 소리가 윙윙 울리는 동안 나는 무엇이 숨어있어도 괜찮을 숲에 대해 끝없이 상상을 했다. '큰부리 황새나 이미 멸종한 도도새가 이 숲에 살았으면 좋겠어. 안경원숭이와 제규어도.'

같은 공간에 두 사람의 다른 이야기가 재미있는 방향으로 짜이길, 나는 무책임하게 편집부에 폭탄을 넘기듯 그림을 이렇게 그려버리고 말았다.

## ❀ 칼을 씻던 바위

밝으면 서걱거리는 낙엽, 1급수에만 산다는 도롱뇽들이 서식한다는 계곡물, 녹색 이끼가 끼어서 세월의 무게를 짐작할 수 있는 바위, 매연이나 미세먼지 같은 것에 오염되지 않은 깨끗한 공기, 이것들을 보기 위해서는 종로에서 약 30분을 가야 한다. 정류장에서 기다렸다가 버스를 타고 세검정에서 내려 조금만 걸어가면 만날 수 있는 것들이다.

예민한 사람이라면 버스가 자하문을 넘어가면서 살짝 풍경이 달라지는 걸 느낄 수 있을 것이다. 서울의 중심지이고, 사람들로 가득한 종로와 광화문의 시끌벅적함이 자하문을 넘는 순간 마법처럼 사라지기 때문이다. 대신 사람 냄새 물씬 풍기고, 야트막한 집들이 옹기종기 모여 있는 정겨운 동네가 모습을 드러낸다. 오래되어 보이는 음식점과 금방이라도 아이들이 쏟아져 나올 것 같은 초등학교, 숨을 헐떡이며 올라가야 하는 급경사 위의 대학교, 흥선대원군의 숨결이 남아있는 석파랑을 지나면 드디어 세검정에 도착한다.

차들이 바쁘게 오가는 도로 옆에 덩그러니 놓인 정자는 많이 외로워 보인다. 주변에 길이 없고 집들도 드문 시절에는 단연 눈에 띄었겠지만 지금은 사람들의 눈길이 잘 머물지 못하는 정자일 뿐이다. 하지만 이 정자가 지니고 있는 사연과 위상은 만만치 않다. 일단 정자가 언제 생겼는지는 불분명하다. 이곳을 사랑했던 연산군이 풍류를 즐기기 위해 만들었다는 설과, 영조 때 한양의 북쪽을 지키기 위해 총융청을 설치하면서 함께 지었다는 이야기가 전해질 뿐.

세검정洗劍亭이라는 이름도 범상치 않다. 칼을 씻는 정자라는 뜻인데 풍류를 사랑하는 선비들이 드나드는 곳에는 어울리지 않는 이름이다. 세검정이라는 뜻은 인조반정 직전 이귀와 김류 등이 이곳에서 칼을 씻으면서 거사를 결심했다는 것에서 유래된다. 인조반정 당시 반정군이 홍제역에서 모여 자하문을 돌파해 한양으로 진입했다는 사실을 고려하면 이곳에 모여 계획을 꾸몄을 가능성은 매우 높아 보인다.

일단 정자 쪽으로 가면 위치 선정이 기가 막힌다. 지금은 수량도 줄고 일부 복개가 되면서 다소 초라해졌지만 위에서 흘러

오는 계곡물이 한번 크게 휘어졌다가 직선으로 바뀌는 구간에서 급하게 흘러간다. 그러면서 상쾌한 물소리를 만들어내는데 바위가 많은 곳이라 물이 서로 뒤엉기고 바위를 때리면서 거품을 일으키는 모습이 장관이다. 세검정은 그 모습이 가장 잘 보이는 바위 위에 세워져 있다.

정자는 대개 팔각형이나 직사각형이지만, 세검정은 정(丁)자 모양의 복잡한 형태다. 바위 위에 세워야 하고 흘러가는 계곡물을 제대로 봐야 하기 때문에 이런 형태로 지어진 것이 아닌가 싶다. 세검정이 있는 바위는 또 다른 용도가 있었는데 실록을 쓸 때 원본이 되는 사초들을 이곳에서 씻어서 말렸다고 한다. 조선 시대는 종이가 굉장히 귀했기 때문에 물에 씻어 먹을 지운 후 다시 사용했던 것이다. 이를 세초라고 하는데 당시 한양 밖인 이곳에서 세초를 했던 이유는 여기에 종이를 만드는 관청인 조지서가 있었기 때문이다.

누가 만들었고 언제 만들었는지 명확하진 않지만 조선 후기 선비들의 사랑을 받았던 곳인 것만은 확실하다. 정약용은 비만 오면 이곳으로 달려왔고, 흥선대원군은 자신의 호를 '석파'라고 지을 정도로 좋아했던 별서 석파정이 근처에 있다.

특히 정약용은 친구들과 어울려 술을 마시다가도 비가 올 기미가 보이면 술잔을 내려놓고 이곳으로 달려와 쏟아지는 빗줄기와 수량이 늘어난 계곡의 물이 흘러가는 풍경을 즐겼다고 한다. 실학자답지 않은 괴상한 취미라고 생각할지 모르겠으나 비

세검정

가 오면 이곳에 와서 구경하는 것이 한양 사람들의 일상적인 모습이라는 기록이 남아있는 거로 봐서 정약용뿐만 아니라 다른 사람들도 다 같이 즐긴 것으로 보인다.

1941년 화재와 함께 없어진 세검정은 1977년 현재의 모습으로 다시 세워졌다. 겸재 정선이 그린 세검정도라는 그림을 참고했다고 하는데, 그림 속에 남겨진 풍류는 미처 따라가지 못한 듯하다.

## ❀ 상처받지 않는 바람이 머무는 곳

세검정을 지나 조금 걷다 보면 세검정 우체국이 나온다. 여기서 몇 걸음을 더 걸으면 하천을 넘어가는 다리와 함께 팔각정이 보인다. 팔각정에서 잠시 쉰 다음, 다리를 지나 편의점 옆에 있는 오르막길을 올라보자. 높이 치솟은 다세대 빌라들 때문에 다소 답답해진 마음이 사르르 사라짐을 느낄 것이다.

잠시 발걸음을 멈추고 고개를 돌려서 아래를 내려보면 주황색과 파란색, 회색의 지붕들이 바다처럼 펼쳐지고 멀리 북악산 산줄기들이 병풍처럼 펼쳐져 있다. 기운을 내서 조금 더 걷다 보면 현통사가 나온다. 세검정처럼 바위 위에 지어진 듯한 느낌을 주는 현통사. 그 옆으로 계곡물이 흐른다. 바위를 타고 흘러내린 계곡물은 작은 집 옆을 지나 아래로 떨어진다. 비록 수량이 많지는 않지만 서울에서 인공 폭포가 아닌 자연 폭포를 볼 수 있는 기회는 흔치 않다.

계곡물이 흐르는 바위를 지나 등산로를 따라 걸으면 백사실 계곡이 나온다. 이곳에 들어서면 상처받지 않은 바람이 분다는 느낌을 강하게 받을 수 있다. 높은 빌딩과 매연에 상처를 입을 대로 입은 도심의 바람과는 달리 이곳의 바람은 맑고 순수하다. 종로에서 불과 30분밖에 떨어지지 않은 곳에 이런 바람이 부는 계곡이 있다는 것이 흥미롭기만 하다.

그늘진 계곡을 따라 걷다 보면 안내판이 하나 나온다. 깨끗한 곳에만 산다는 도롱뇽들의 서식처로 국립공원을 제외하고 서울에서 발견된 것은 매우 이례적이라는 내용이 적혀 있다. 그만큼 백사실 계곡의 공기와 물이 맑다는 것을 의미한다.

길을 따라 걷다 보면 바위들이 뒤엉키고 양쪽에 축대를 쌓은 곳이 나온다. 그러다가 산자락 안에 있다고는 믿기 어려울 정도의 넓은 평지가 나오는데, 이곳이 바로 백석동천이다. 백석은 북악산의 별명 중 하나인 백석산에서 가져왔고, 동천은 산천에 둘러싸인 경치가 좋은 곳을 뜻한다.

### ❀ 별서들의 천국

계단으로 올라가는 곳에 건물터의 흔적이 남아있다. 이곳에

현통사

있던 별서, 즉 별장이 있던 흔적이다. 'ㄱ' 형태로 남은 흔적을 보니 계곡 쪽으로 난 방향은 살짝 높은 누마루로 지어졌고 뒤쪽으로는 출입문이 있었을 것이다.

건물터 옆에는 우물터로 보이는 흔적이 남아있다. 뒤쪽 공터에는 또 다른 건물이 한 채 더 있었다고 한다. 산기슭 쪽으로는 담장을 쌓은 흔적과 벽돌로 된 아궁이 흔적도 보인다. 건물터가 내려다보이는 곳에는 연못이 있던 원형의 흔적이 있는데, 이 연못은 수량이 적어서 가을에 가면 물 대신 수풀이 자리를 차지하고 있다.

주변을 돌로 쌓은 연못터의 맞은편에는 정자를 받치던 기둥과 돌계단이 남아있다. 기둥의 형태나 배치로 봐서 육각형의 작은 정자로 보이는데 올려다보면 별서로 추정되는 건물터가 바로 보인다. 조선 시대 별장을 뜻하는 별서는 세검정 부근에서는 어렵지 않게 찾아볼 수 있다. 한양의 코앞에 있고, 경치가 더할 나위 없이 좋았으니 아마도 그럴 것이다. 흥선대원군의 석파정, 세종대왕 셋째 아들 안평대군의 별서인 무계정사도 이 근처에 있고, 연산군도 이곳을 좋아해서 자주 행차했다고 전해진다. 특히 연산군은 풍류를 즐기기 위해 신라 시대부터 있던 장의사라는 절을 없애고 꽃밭으로 만드는 짓을 저지르기도 했다.

백석동천은 계곡 안쪽에 있어 조용했기 때문에 더더욱 사랑을 받았을 것이다. 그렇다면 이곳에 별서를 지어놓고 연못을 내려다보면서 풍류를 즐겼던 인물은 누구일까?

안타깝게도 별서의 주인이 누구인지는 밝혀지지 않았다. 다만 인근 주민들은 이곳이 백사 이항복의 별서터라고 믿고 있다. 임진왜란 당시 위기를 극복하는 데 큰 힘이 되었던 그의 호가 백사이기 때문. 백사실 계곡이라는 이름과 연관이 있을 것이라 믿은 것이다.

하지만 연구자들에 의하면 이곳의 별서는 백사 이항복이 아닌 추사 김정희의 것으로 추정하고 있다. 백사든, 추사든 알아주는 인물이 이곳에 머물렀다는 사실은 백석동천이 예나 지금이나 사랑을 듬뿍 받은 장소라는 걸 알게 해준다.

별서터와 헤어지고 산길을 조금 걸으면 글자 그대로 자연과 만날 수 있다. 숲에서 사는 새와 작은 동물들이 내는 소리, 바람에 뒤척이는 나뭇잎의 바스락거리는 소리에 귀를 기울이며 걷다 보면 길옆의 커다란 바위에 큼지막하게 쓰인 '백석동천白石洞天'이라는 글자가 보인다. 백사실 계곡이 거의 끝났다는 의미다.

사실 백사실 계곡을 걷는 코스는 여러 개가 있다. 현통사에서 바깥쪽으로 빙 돌아가는 코스도 있고, 자하문에서부터 올라오는 코스도 있다. 하지만 이들 코스는 경사를 올라와야 하는 난코스인 반면, 현통사에서 가는 길은 약간의 오르막만 있을 뿐 평탄하거나 내리막길이다. 주변 풍경을 천천히 제대로 느끼고 싶다면 평지나 내리막길을 걷는 것이 좋다. 그래서 나는 체력에 자신이 없거나 처음 가보는 사람들에게 현통사로 가는 길을 권하는 편이다.

별서 터

백석동천 각석

백석동천이 적힌 바위를 지나 계속 걷다 보면 갑자기 계곡이 끝나고 남의 집 뒷마당이 나와 당황스러울 것이다. 백사실 계곡과 맞닿아 있는 부암동에 도착한 것이다.

## 부침바위가 있던 곳

종로구에 속한 부암동의 이름은 이곳에 있던 부침바위에서 유래되었다고 한다. 이 바위에 돌을 대고 자기 나이만큼 문지르다 손을 떼면 돌이 바위에 붙게 되는데 그렇게 되면 아들을 얻을 수 있다는 전설이 전해지는 곳이다. 남아선호사상이 팽배했던 조선 시대에 아들을 얻지 못한 부인들이 숱하게 찾아와서 이 바위에 돌을 문지르며 제발 바위에 돌이 붙기를 바랐을 것이다.

시간이 흐르면서 부침바위는 사라졌고 길과 주택들이 들어섰다. 북악산 자락의 경치가 좋은 곳인지라 오르막길이 있는 곳임에도 집들이 빼곡하게 들어차 있다. 특히 이곳에는 최첨단으로 지어진 집부터 별장처럼 만든 통나무집, 전통적인 한옥들을 한꺼번에 볼 수 있다. 5월에 가면 담장 위로 넝쿨진 탐스러운 장미도 볼 수 있다. 어느 집 2층 창문을 보니 '흔들리지 않고 피어나지 않는 꽃이 없다'라는 문구가 현수막에 크게 적혀 있다. 오가는 사람에게 위안이 되어줄 법한 글귀다.

야트막한 한옥의 지붕 사이에 자그마한 사찰이 있다. 차들도 잘 다니지 않는 도로를 걷다 보면 길이 오르막으로 변한다. 한쪽은 축대와 나무들이 있고, 다른 한쪽은 담장 너머로 지붕들이 살짝 고개를 내밀고 있다. 오르막길로 접어들면 한옥들이 더 많이 보이는데 겹쳐진 것처럼 보이는 한옥의 지붕에 자그마한 풀잎들이 자라고 있다. 흙을 쌓은 한옥의 지붕에는 이처럼 꽃과 잎사귀들이 피어나곤 한다.

조금 더 걷다 보니 정상이 나온다. 경치가 좋은 이곳에 게스트 하우스가 빠질 리 없다. 갑자기 며칠 머물고 싶다는 충동이 인다.

이제부터는 내리막길이라 편하게 갈 수 있다. 내려가고 올라가는 사람들을 위해 군데군데 카페가 보이기 시작하는 곳도 바로 여기쯤부터다. 나름 특색 있는 이 카페들을 지나면 주택가들과 다시 만나게 되고, 계속해서 내려가다 보면 맞은편에 인왕산 자락이 보인다. 성곽을 따라 올라가는 등산객들의 복장이 참으로 알록달록하다.

표지판을 보고 걷다 보면 드디어 자하문이 있는 삼거리에 도달한다. 자하문을 넘어가는 버스를 타고 가던 길과 같은 곳이지만 버스에 탔을 때와 걷고 있을 때의 풍경은 사뭇 달라 보일 것이다. 이곳은 치킨과 만두로 유명한 맛집과 카페들이 많이 있다. 하지만 배를 채우기 전에 마지막으로 가봐야 할 곳이 있다. 자하문과 윤동주 문학관이 있는 '시인의 언덕'이다.

## ❀ 1.21 사태의 무대

굴다리처럼 된 자하문에는 바리케이드 검문소의 흔적이 남아있다. 청와대와 가까이 있기 때문에 경계가 엄하던 곳으로 특히 1969년 1.21 사태가 터진 이후 한층 경계가 강화되었다.

휴전선을 돌파한 북한군 특수부대는 청와대가 코앞인 이곳까지 쳐들어왔다가 경찰에 발각되면서 총격전을 벌였다. 자하문으로 올라가는 계단에는 1.21 사태 당시 북한군 특수부대를 발견하고 추격하다가 순직한 최규식 총경의 동상과 정종수 경사의 순직비가 서 있다.

1.21 사태가 벌어지고 얼마 후, 동해에서 미군 정보함인 푸에블로호가 납북당하는 일이 벌어진다. 냉전이 절정에 달했던 시기에 일어난 일이다. 동상을 지나 계단을 올라가면 자하문이 모습을 드러낸다. 자하문은 창의문이라고도 불리는 곳으로 한양을 지을 때 만든 사소문四小門 중 하나였다. 자하문이라는 이름은 이곳의 지명이 자하골이라는 데서 비롯되었다.

이 문은 처음에는 양주 지역에서 오가는 사람들이 사용했지만 경복궁과 가깝고 풍수지리상 이곳에 문이 있으면 안 좋다는 얘기가 나오면서 한동안 폐쇄되었다. 많이 사용되지 않고 외진 곳에 있는 덕분에 사소문 중 원형이 그대로 남은 유일한 문이다.

사소문이라 그런지, 늘 봐왔던 사대문 중 하나인 숭례문에

자하문(창의문)

비해 턱없이 작아 보인다. 한때 폐쇄될 정도로 관문 역할을 못하던 곳이기도 하다. 하지만 인조반정 때는 역사의 주역 노릇을 단단히 했다. 앞서도 말했지만 홍제원에 집결한 반정군이 자하문을 부수고 한양으로 진입했던 것. 자하문을 돌파했을 때 반정군은 아마도 승리를 확신했을 것이다.

영조는 임진왜란 때 불타버린 문루를 다시 세우면서 반정에 참여한 공신들의 명단을 현판에 새겨 달았다. 승리와 영광의 기억을 오랫동안 남기고 싶어 했던 영조의 열망대로 오늘날까지 자하문의 현판은 그대로 남아있다.

### 문학이 있는 언덕

자하문이 있는 삼거리 맞은편 버스 정류장에는 하얀색 사각형 건물이 있다. 유리로 된 출입문 위의 차양에 이곳의 정체를 알 수 있는 글씨가 작게 적혀 있다. 바로 윤동주 문학관이다.

건물이 대단히 특이하게 생겼는데, 그것은 원래 문학관으로 지어진 것이 아니라 청운 수도 가압장이었던 곳이기 때문이다. 수압이 강하지 않았던 시절에는 높은 곳에 미리 물을 모아놓아야 차질없이 물을 공급할 수 있었다. 청운동 일대에 물을 대기 위해 지어진 이곳은 세월이 흘러 필요 없게 되자 버려졌다. 하지만 지금은 시인의 영혼을 담는 곳으로 탈바꿈한 상태다.

물과 시는 공통점이 많다. 끊임없이 흘러야 하고, 사람들의 몸과 영혼을 맑게 씻겨준다. 문학관 내부에는 윤동주가 원고지에 쓴 시의 영인본과 책, 사진 자료들이 있는 '시인채'와 가압장의 흔적을 볼 수 있는 '열린 우물', 그리고 그곳을 지나면 들어갈 수 있는 '닫힌 우물'로 구성되어있다.

닫힌 우물에서는 윤동주의 삶과 시의 세계를 엿볼 수 있는 영상물이 나온다. 시인채에서는 윤동주가 태어난 생가에서 가져온 우물의 흔적을 볼 수 있다.

윤동주 문학관은 크지 않은 편이라 둘러보기에 시간이 별로 걸리지 않는다. 버려진 수도 가압장을 멋지게 탈바꿈시킨 이곳은 각종 건축상을 휩쓸었다.

다음 코스는 윤동주 문학관 위쪽에 있는 '시인의 언덕'이다. 이곳에는 윤동주의 대표작인 〈서시〉의 시비가 서 있다.

자하문 고개에서 내려다보이는 서촌에는 윤동주가 연희전문학교에 다니던 시설 머무르던 하숙집이 있다. 그곳에서 지내던 시절 윤동주는 친구인 정병욱과 함께 자하문 언덕에 종종 올랐다고 전해진다. 이곳에서 친구들과 이야기를 나누기도 하고 시를 가다듬기도 했다는데, 언덕에 오르면 왜 이곳에서 시를 다듬었는지 짐작할 수 있다. 시든, 글이든, 삶이든 막혀있다고 생각할 때 사람들은 저도 모르게 사방이 보이는 높은 곳으로 올라간다. 멀리 내려다보이는 풍경이 가슴을 탁 트이게 해

윤동주 문학관

시인의 언덕에서 내려본 청운문학도서관

주니 말이다. 날씨가 좋으면 종로는 물론 남산까지 훤히 보이는 풍경, 암울했던 시절 답답한 가슴을 달래기에 이보다 좋은 곳은 없었을 것이다.

이곳은 시인의 언덕이면서 한양성곽이 지나가는 청운공원이기도 하다. 두 개의 역사가 만나는 교차점이라 양쪽의 흔적을 모두 만날 수 있다.

우선 복원된 성곽길이 길게 이어지는 가운데 야외공연장과 산책로, 〈서시〉의 이름을 딴 '서시정'이라는 정자가 보인다. 야외 공연장 부근에는 '시인 윤동주 영혼의 터'라는 글씨가 적힌 작은 표석도 발견할 수 있다. 윤동주의 무덤에 있는 흙을 한 줌 가져와서 뿌린 곳이라 한다.

언덕에 서서 아래를 내려다보면 한옥의 지붕이 보인다. 2014년에 지어진 최초의 한옥 도서관 '청운문학도서관'이다. 1층은 한옥이 있고, 책이 있는 도서관은 지하 1층에 있다. 1층과 지하 1층은 엘리베이터로 연결되어있는데 센스 있게 엘리베이터 역시 한옥으로 꾸며놓았다. 한옥이 있는 1층에서는 각종 문학행사와 창작교실 등을 개최하고, 지하 1층에서는 책을 읽거나 빌려볼 수 있도록 만들었다.

문학과 역사가 자리 잡으면서 평범했던 언덕에 사람들의 발걸음이 잦아졌다. 가을에 가면 인왕산과 주변의 단풍을 맛볼 수도 있다. 점심을 먹고 출발해서 백사실 계곡과 부암동 일대를 돌아보고 여기까지 도착해서 둘러보고 나면 아마 해가 뉘엿뉘

엿 저물어갈 것이다. 이곳에서 마무리하고 버스를 타면 잠시 후 서울 한복판에 내리게 된다. 역사와 일상이 얼마나 가까이 있는지 다시금 느끼게 된다.

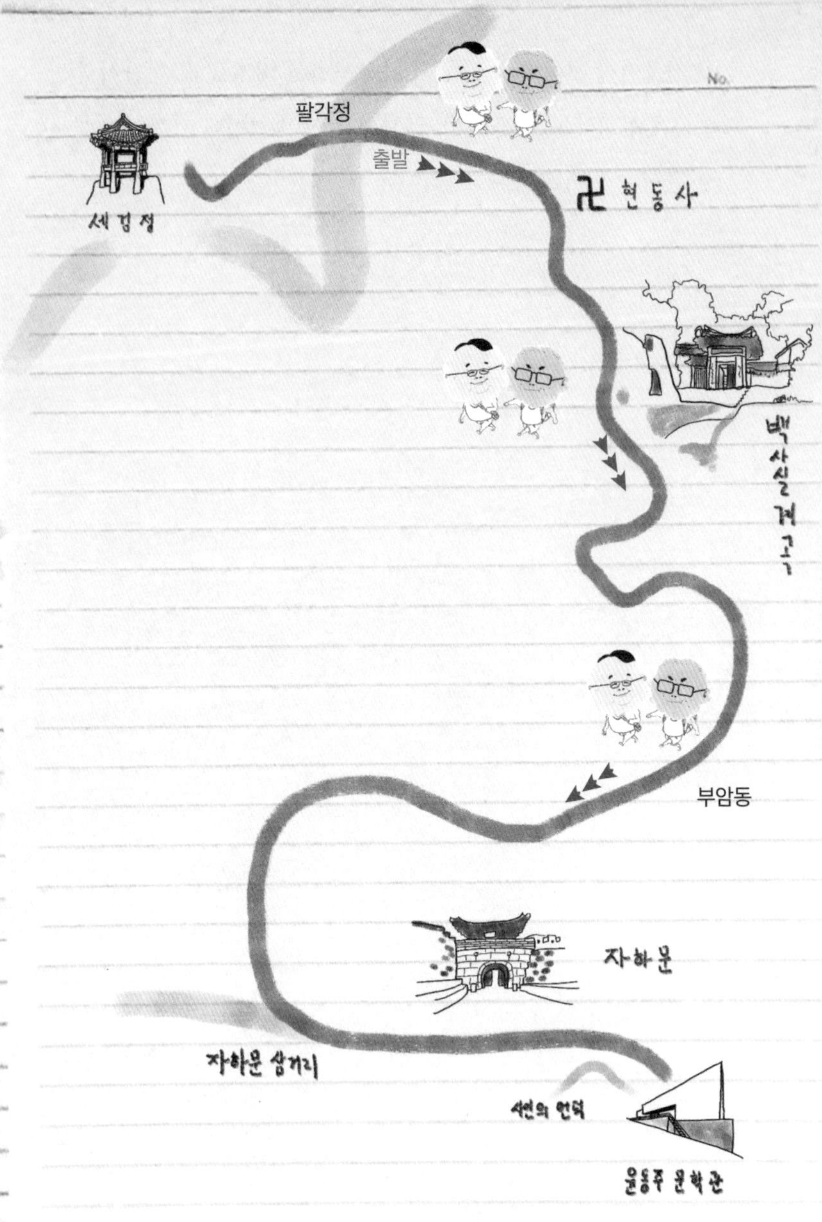
No.
팔각정
출발
세검정
卍 현동사
백사실계곡
부암동
자하문
자하문 삼거리
시인의 언덕
윤동주 문학관

### ❀ 이곳으로 가는 길

지하철 1호선 시청역이나 5호선 광화문역, 3호선 경복궁역에서 내리면 자하문을 넘어가는 버스를 탈 수 있다. 세검정 정류장에서 내려서 세검정을 보고 우체국 방향으로 조금 걸으면 팔각정이 나온다. 우측의 다리를 건너 편의점이 있는 골목길로 들어서면 주택가가 나온다. 주택가 사이를 지나 현통사로 가면 백사실 계곡으로 들어갈 수 있다. 백사실 계곡과 부암동을 지나 자하문 쪽으로 내려오면 버스를 타고 지나갔던 자하문 삼거리가 나오는데, 이 삼거리를 지나 조금 내려오면 오른쪽에 윤동주 문학관이 있고, 왼쪽에 자하문이 있다.

### ❀ 근처에 가볼 만한 곳

여기까지 둘러보고 아직 힘과 시간이 남아있다면 수성동으로 내려가는 코스를 권한다. 등산로처럼 꾸며져 있고, 중간에 출렁다리 같은 것도 있다. 약 40분 정도 소요되는데 일부 구간을 제외하고는 내리막이다. 수성동 계곡으로 내려가면 서촌을 돌아보기 위해 마을버스를 타고 올라가서 만났던 그곳에 도착하게 된다. 오래 걷는 것이 싫다면 근처에 있는 석파정 서울 미술관도 가볼 만하다. 전위적인 현대미술을 감상하고 옥상으로 올라가면 흥선대원군이 사랑했던 별서인 석파정을 볼 수 있다. 원래 영의정을 지낸 김흥근의 별장을 흥선대원군이 반강제로 빼앗은 것인데, 자신의 호인 석파를 붙일 정도로 애착을 가졌다고 한다. 바위 위에 지어진 사랑채를 비롯해 별서의 한옥들도 아름답지만 계곡 위에 지어진 특이하게 생긴 정자를 꼭 봐야만 한다. 중국풍의 벽체에 기와 대신 동판을 입힌 지붕에서 청나라와 서구의 흔적을 역력히 느낄 수 있다. 석파정 서울 미술관은 입장료가 꽤 비싸 잠깐 둘러보기에는 아깝다. 관심이 가는 전시가 열리면 둘러보고 석파정도 함께 보는 것이 좋다.

여덟번째 산책

# 일곱 여인 이야기

칠궁과 사직단

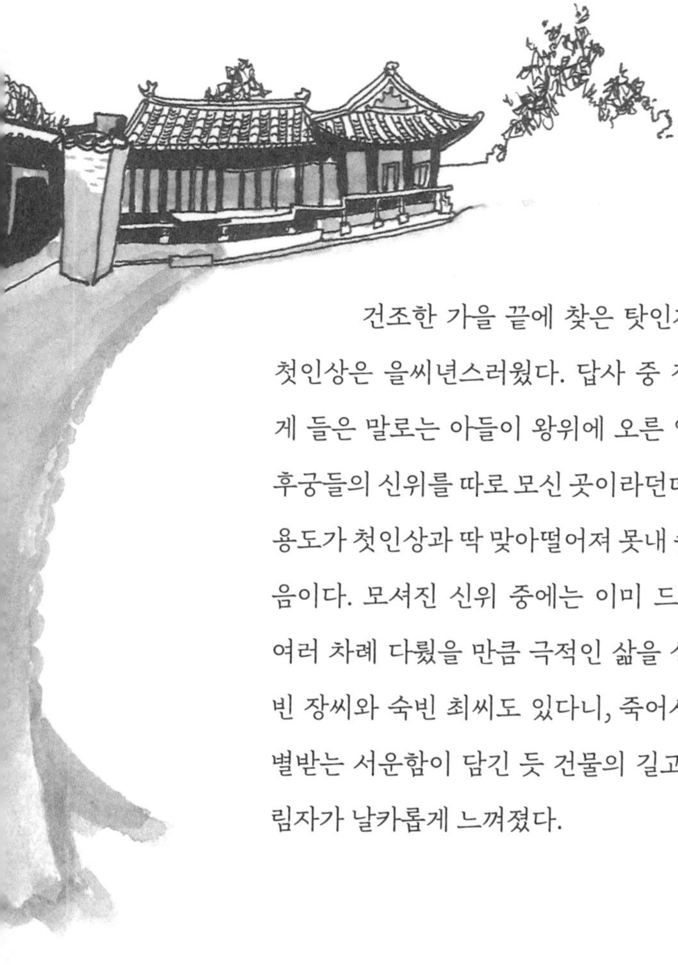

## 칠궁

건조한 가을 끝에 찾은 탓인지 칠궁의 첫인상은 을씨년스러웠다. 답사 중 정 작가에게 들은 말로는 아들이 왕위에 오른 일곱 명의 후궁들의 신위를 따로 모신 곳이라던데, 칠궁의 용도가 첫인상과 딱 맞아떨어져 못내 씁쓸한 마음이다. 모셔진 신위 중에는 이미 드라마에서 여러 차례 다뤘을 만큼 극적인 삶을 살았던 희빈 장씨와 숙빈 최씨도 있다니, 죽어서까지 차별받는 서운함이 담긴 듯 건물의 길고 짙은 그림자가 날카롭게 느껴졌다.

## 칠궁 담장, 섭섭함 없이 하얗게 바래지길

사실 칠궁은 그림 그리는 입장에서 보면 그다지 매력적이지 않다. 느낌이 없는 장소를 짜내듯 그릴 필요는 없지만, 굳이 칠궁을 그린 까닭은 이곳에 모셔진 신위의 주인들이 섭섭할까 마음이 쓰인 탓이다. 죽어서도 따로 모셔지는데 그림조차 안 그리고 간다면 너무 섭섭하지 않을까, 하는 엉뚱한 생각. 내가 뭐라고…

11월 칠궁 담장의 나무와 풀은 메마르고 바람에 날려 또 한세상 간다. 이런 모양을 보다가 나는 언젠가 TV에서 봤을, 지붕 위 흰옷을 입은 여인의 넋을 달래는 손짓을 떠올렸다.

훠~이, 훠~이~

맥락도 없이 담장 밑 건조한 풍경을 보다가 알 수 없는 슬픔과 허기짐을 느꼈다. 산 사람도 죽은 사람도 섭섭함 없이 하얗게 바래지길 바라는 마음이다.

## ❀ 왕좌의 게임

후궁은 임금의 첩을 뜻한다. 사극에서는 주로 자신의 자식을 왕위에 올리기 위해 음모를 꾸미는 악녀로 나오거나 왕비의 질투 앞에 고개도 제대로 못 들고 전전긍긍하는 역할로 나오곤 한다. 어릴 때는 그런 모습이 이해되질 않았는데 나이가 들고 역사를 배우면서 그녀들이 왜 그렇게 할 수밖에 없었고, 그런 이미지로 남을 수밖에 없었는지 알 수 있었다.

정식 결혼을 한 왕비가 아니라 왕의 승은을 입어서 후궁이 된 이상, 후계자를 낳아 왕위에 올리지 못하면 어떤 일을 겪을지 아무도 예측할 수 없었기 때문이다. 일종의 왕좌의 게임에 뛰어든 셈. 그녀들은 음모를 꾸미고 왕비와 외척들과 대척했다. 그 대표적인 인물이 바로 중종의 후궁 경빈 박씨다.

연산군 때 궁녀로 들어갔다가 중종의 후궁이 된 그녀는 아들 복성군을 낳아 한때 기세가 대단했지만, 외척인 김안로가 꾸민 음모에 걸려 목숨을 잃고 만다. 세자가 머물던 동궁 근처 나무에서 눈코입을 인두로 지지고 다리를 자른 쥐가 발견되는데, '작서의 변'이라고 부르는 이 사건의 주모자로 지목된 이가 바로 경빈 박씨다. 세자를 저주해서 죽이고 자기 아들인 복성군을 왕위에 올리려고 했다는 모함을 받은 것이다.

결국 경빈 박씨와 복성군은 유배를 갔다가 함께 사약을 받는다. 얼마 후 작서의 변이 김안로가 주도한 무고였다고 밝혀지지만 이미 죽은 후인데 무슨 소용이 있었을까.

왕좌의 게임은 규칙이 없는 잔혹한 게임이었다. 승리할 가능성은 희박하고 패배하면 자신은 물론 가족의 목숨도 위험해진다. 실제로 경빈 박씨처럼 자식과 함께 죽음을 맞이한 경우도 많았다. 물론 후궁 중에는 인생의 승리자도 있는데 아들이 왕위에 오른 일곱 명이 바로 그들이다. 칠궁은 바로 승리한 그들을 모신 사당이다.

## ❀ 일곱 후궁의 사당

칠궁에 들어가려면 먼저 청와대 옆 무궁화동산에 모여야 한다. 칠궁 바로 옆이 청와대라서 출입 절차가 꽤 까다롭다.

칠궁은 1969년 1.21 사태 이후 출입이 전면 금지되었다가 현재는 제한 관람으로 바뀌었다. 칠궁을 관람하려면 인터넷으로 사전 예약을 해야 한다. 다만 10명 미만은 현장 예약도 가능하다. 이때 신분증은 반드시 지참해야 한다.

청운효자동 주민센터 안쪽에 있는 무궁화동산은 원래 10.26의 무대였던 궁정동 안가였다. 사건이 벌어졌던 본관 건물이 있던 곳은 검은색 돌이 놓여있다. 칠궁으로 가기 위해 대기하는 장소 역시 만만치 않은 역사적인 장소인 셈이다.

무궁화동산 안쪽 칠궁대기소라고 적힌 안내소에 신분증을 제출하면 출입증을 준다. 주말에는 관람객들이 많지만 평일 낮은 한산한 편이다. 출입증을 받고 기다리다 관람 시간이 되면 해설사가 칠궁을 안내해준다. 이때 사복 차림의 경호원도 동행하는데 이 또한 바로 옆이 청와대이기 때문이다.

도로를 건너면 바로 칠궁 입구가 나온다. 담장 너머에는 TV에서 자주 보는 청와대 건물이 보인다. 칠궁 안은 사진 촬영이 자유롭지만 청와대 방향으로 찍는 것은 금지되어있다.

안으로 들어가면 단청을 입히지 않은 한옥이 나타난다. 제사를 준비하는 공간인 재실인데 송죽재와 풍월헌이라는 현판이 붙어있다. 자그마한 현판 외에는 별다른 게 없지만 출입이 쉽지 않은 청와대 옆 칠궁이라는 장소 때문인지 분위기가 지엄하다.

재실 앞에는 말에서 내릴 때 디디는 하마석이 있다. 이곳에서는 누구든 말에서 내려야 한다는 뜻이다. 해설사가 이곳에 잠시 서서 칠궁에 대해 설명을 해줄 것이다. 궁이라는 명칭이 붙었지만 우리가 생각하는 궁궐이 아니라 왕족들이 호 대신 사용하는 별칭에 가깝다는 설명에 호기심이 인다. 사당에 궁호를 붙였기 때문이라는데, 사실 조선 시대에는 사는 건물의 명칭을 이름 대신 부르는 경우가 많았다. 대표적인 인물이 바로 정조의 어머니이자 사도세자의 아내인 혜빈 홍씨다. 그녀가 사는 곳이 혜경궁이었기 때문에 혜빈 홍씨 대신 혜경궁 홍씨라고 불리지 않는가.

칠궁은 이름부터 풍기는 분위기까지 굉장히 오래되었다는 느낌이 들지만, 실상 현재 모습을 갖춘 것은 일제강점기인 1929년이다. 원래는 사당이 따로따로 흩어져 있었는데, 관리하기가 어려워져 한곳으로 모은 것이다. 1908년 저경궁, 대빈궁, 연호궁, 선희궁, 경우궁 다섯 개의 사당을 이곳으로 옮겨 육궁이라 하다가 1929년 덕안궁까지 옮겨오면서 칠궁이라고 불리고 있다. 원래 이곳은 영조 어머니 숙빈 최씨의 신주를 모신 육상궁이었다.

## 영조의 어머니

숙빈 최씨는 후궁 중에는 드물게 좋은 이미지를 가지고 있는 인물이다. 간악한 장희빈에게 쫓겨난 인현왕후 민씨의 생일을

재실

기리다가 숙종의 눈에 띄어 승은을 입고 아들을 낳았는데 그가 바로 영조다. 사극에서는 영조를 임신했다는 사실을 알아챈 장희빈에게 괴롭힘을 당하다가 히어로처럼 등장한 숙종에게 구원을 받는 장면이 하이라이트로 등장한다. 신분이 궁녀도 아닌 잔심부름을 하는 무수리였기 때문에 아들을 낳아서 후궁이 되었다는 것은 대단히 이례적인 일이었다.

그녀의 아들 연잉군 역시 어머니처럼 온갖 고난을 겪다가 이복형인 경종을 독살했다는 의혹까지 받으면서 왕위에 오른다. 그래서 훗날 터진 이인좌의 난에서는 숙빈 최씨가 궁 밖에서 이미 결혼을 했고, 영조는 숙종의 아들이 아니라는 주장을 반란의 명분으로 삼기도 했다.

이런 상황이었기 때문에 영조가 즉위하자마자 숙빈 최씨의 사당인 육상궁을 만들었다는 것은 단순한 효심을 넘어 왕위의 정통성과 깊이 연관되어있다고 봐야 한다. 처음에는 숙빈묘로 불렸다가 30여 년쯤 지난 후에 육상궁으로 승격되었고, 비슷한 시기, 경기도 파주에 있던 그녀의 무덤인 소령묘도 소령원으로 승격되었다. 영조가 오래오래, 심지어 자기 아들을 직접 죽이고 손자가 왕위에 오를 때까지 살았기 때문에 가능한 일이었다.

칠궁이라고 하지만 사실상 육상궁에 다른 여섯 개의 사당이 추가된 형태이다 보니 따라서 칠궁 안에서 육상궁이 차지하는 비중이 굉장히 높고, 영조의 흔적도 어렵지 않게 찾아볼 수 있다.

재실을 보고 옆으로 돌아서 안쪽으로 들어가면 중문 격인 삼문이 나온다. 안으로 들어가면 육상궁이 짜잔! 하고 나타나지 않는다. 대신 연호궁이라는 현판을 단 사당이 나온다. 어라, 하는 표정을 지으면 해설사가 연호궁 현판 안쪽에 육상묘라는 현판이 보인다고 얘기해준다. 실제로 가까이 가서 보면 살짝 숨어있는 게 보인다. 연호궁은 영조가 첫 번째로 맞이한 후궁인 정빈 이씨의 사당이다.

그녀는 원래대로라면 칠궁에 모셔질 처지가 아니었다. 영조가 왕위에 오르기 전에 일찍 세상을 떠났고, 아들인 효장세자 역시 10살의 나이로 일찍 숨을 거뒀기 때문이다. 하지만 영조가 뒤주에 가둬 죽인 사도세자의 아들 정조를 효장세자의 양자로 입적시키면서 상황이 달라졌다. 정조가 즉위하자 효장세자는 진종으로 추존되었고, 그녀의 어머니인 정빈 이씨 역시 사후이긴 하지만 왕을 낳은 후궁으로 대접받게 된 것이다. 그렇다면 왜 정빈 이씨의 신주는 숙빈 최씨와 함께 모셔진 것일까?

연호궁 앞에 있는 안내판을 보면 1870년에 육상궁과 합쳤다고 나와 있을 뿐 그 이유는 나와 있지 않다. 해설사도 정확한 이유를 알 수 없다고 말한다. 어쨌든 그녀는 죽은 이후에도 시어머니와 함께 지내는 운명이 되어버렸다.

연호궁 바로 옆에는 이안청이 설치되어있다. 이안청은 사당을 손봐야 할 때 안에 있던 신주를 잠시 옮겨놓는 곳이다. 원래는 사당마다 하나씩 있어야 하지만 도로가 확장될 때 영역이 축소되면서 몇 개가 사라져버렸다.

이곳의 사당들은 양쪽 끝이 수직인 맞배지붕을 한 세 칸짜리 전각으로 되어있어서 현판이 아니면 헷갈릴 수 있다. 시어머니와 며느리를 함께 모신 연호궁과 육상궁 옆에는 냉천정이 있다. 영조가 어머니 제사를 모시러 왔을 때 잠시 쉬던 곳이다. 냉정한 성격의 영조라서 냉천정이라는 이름이 붙은 게 아니라 바로 뒤에 냉천이라는 우물이 있기 때문에 그 이름을 빌린 것이다.

냉천정 뒤편에 뚜껑이 달린 우물의 흔적이 남아있고, 그 우물물이 흘러내려서 모인 사각형의 연못도 보인다. 영조는 이 냉천이라는 우물이 어지간히 마음에 들었던지 직접 시를 써서 남겨놓기도 했다. 냉천 뒤편에 초가지붕을 한 정자가 있어 해설사에게 언제 만들어진 것인지 물었더니 몇십 년 안 되었다는 다소 실망스러운 답변이 돌아왔다. 초가지붕이긴 하지만 담장 옆에 나무와 함께 서 있는 모습이 위풍당당해 보였다.

## ❀ 덕안궁의 주인

냉천정 뒤에도 사당들이 있다. 사당 하나가 앞에 있고 뒤쪽에 세 개의 사당이 나란히 서 있는 형태다. 앞에 있는 사당은 덕안궁으로 고종의 후궁이자 영친왕의 어머니인 순헌황귀비 엄씨의 신주가 모셔진 곳이다. 칠궁의 사당 중 가장 늦게 합류했

연호궁과 육상궁

초가 정자

다. 이곳에 깔린 어도가 뒤쪽의 사당으로 자연스럽게 연결되어 있으며, 옆에는 이안청이 하나 남아있다.

순헌황귀비 엄씨 역시 장희빈이나 숙빈 최씨 못지않게 파란만장한 삶을 산 인물이다. 어릴 때 궁녀가 되었던 그녀는 상궁의 자리에 올랐다가, 고종의 총애를 받다가, 명성왕후에 의해 궁 밖으로 쫓겨난다. 명성왕후 입장에서는 자신을 모시던 상궁이 남편의 총애를 받으니 화가 날 법도 했다. 궁 밖으로 쫓겨났던 그녀가 다시 고종과 만난 때는 명성왕후시해사건이 일어난 다음이었다.

명성왕후가 일본 낭인들의 손에 처참하게 죽고 난 후 경복궁에 유폐되다시피 했던 고종은 엄 상궁을 입궐시킨다. 아내가 죽자마자 다른 여인을 가까이했다고 비난을 받긴 했지만 독살당할까 봐 선교사들이 주는 음식만 먹어야만 했던 고종 입장에서는 그녀가 절실히 필요했다.

엄 상궁은 고종의 기대에 부응했다. 궁궐에 자주 드나들면서 경비병의 감시를 누그러뜨린 다음, 1896년 고종과 세자를 경복궁 밖으로 탈출 시켜 러시아 공사관으로 피신케 한 아관파천의 주역이 된 것이다. 엄 상궁은 고종과 함께 러시아 공사관에 머물렀고, 이때 아들을 잉태해서 다음 해인 1897년 영친왕 이은을 낳았다.

경운궁으로 환궁한 고종이 대한제국을 선포하면서 그녀는 황귀비의 자리에 오른다. 내친김에 황후까지 노려봤지만 반대

덕안궁

의견이 만만치 않았고, 고종이 끝내 승낙하지 않았다. 하지만 사실상 황후로서의 지위를 누렸고, 숙명여자대학교의 전신인 명신여학교를 설립하고 양정의숙을 지원하는 등 여성 교육사업에 헌신했다. 하지만 행복할 것만 같았던 그녀의 삶은 오래가지 못했다. 1907년 헤이그 밀사 사건으로 이토 히로부미 통감의 압박을 받아 고종이 퇴임한 것이 비극의 시작이었다.

단단히 혼이 난 일본은 차기 왕위 계승자인 영친왕을 유학이라는 명목으로 일본으로 끌고 갔다. 늦둥이 아들과 생이별을 한 그녀는 1911년 세상을 떠났다. 사망 원인은 장티푸스였지만 일설에는 일본으로 끌려가서 군사학교에 입학한 영친왕이 행군 중에 길바닥에 앉아 주먹밥을 먹는다는 소식을 듣고 충격에 빠져 숨을 거뒀다는 얘기도 전해진다. 사후에 순헌이라는 시호를 받으면서 오늘날 순헌황귀비라고 불린다.

덕안궁 뒤쪽에는 세 개의 사당이 나란히 붙어있다. 가운데가 그 유명한 장희빈의 신주가 모셔진 대빈궁이고 그 왼쪽이 저경궁, 오른쪽이 선희궁과 경우궁이다. 선희궁과 경우궁은 연호궁과 육상궁처럼 하나의 사당에 신주 두 개가 모셔져 있다. 그러니까 칠궁이긴 하지만 사당은 모두 다섯 개뿐이다.

## ❀ 살아서도 장희빈, 죽어서도 장희빈

어린 시절, 사극에서 장희빈만 나왔다 하면 시청하던 모두가 입을 모아 착한 인현왕후를 괴롭히고 모함하는 그녀를 욕하기 바빴다. 드라마에서 그녀는 왕비의 자리에서 쫓겨나고 음모를 꾸몄다가 발각이 되면서 사약을 받는다. 사약을 먹을 때도 그녀는 악녀답게 악을 쓰며 드라마를 극적으로 만들었다.

그녀와 인현왕후, 그리고 숙빈 최씨의 암투는 사실 숙종의 정치적인 농간이었다. 숙종은 당파싸움을 벌이던 대신들을 환국이라는 방식으로 통치했다. 장희빈은 궁녀로서 왕비의 자리에 오른 유일무이하고 입지전적인 인물이다. 성종의 부인이었던 윤씨처럼 후궁으로 시작해서 왕비의 자리에 오른 경우는 종종 있었지만, 일개 궁녀가 왕비가 된 이는 장희빈이 유일하다.

부유한 역관의 집에서 태어난 그녀는 실록에서조차 외모가 예뻤다고 기록할 정도로 미모가 출중했다. 숙종은 그녀를 왕비로 삼기 위해 반대하는 송시열을 비롯한 대신들을 죽이거나 유배를 보내면서 엄청난 피바람을 일으켰고, 이 기사환국을 통해 남인은 정권을 잡을 수 있었다. 그러니까 숙종은 장희빈을 사랑해서 환국을 일으킨 것이 아니라 그녀를 왕비로 올리는 것을 빌미로 반대하던 서인들의 세력을 꺾은 것이다.

몇 년이 지나고 이번에는 남인들의 세력이 커졌다. 이에 숙종은 장희빈을 시기와 질투가 심하다는 이유로 내치고 인현왕후를 다시 받아들인다. 반대하던 남인들을 몰아내고 서인의 일파인 소론에게는 정국의 주도권을 넘겨주었다. 그리고 몇 년 후 인현왕후가 세상을 떠났는데, 이때 장희빈은 인현왕후를 저주를 했다는 이유로 사약을 받는다. 사극에서는 온갖 발악을 하다가 죽는 것으로 나오지만, 실제로는 조용히 사약을 마시고 죽었다고 한다.

궁녀로 들어와서 왕비가 되었다가 다시 쫓겨나 사약을 받은 파란만장한 삶을 살았지만 어쨌든 희빈 장씨는 아들인 경종이 왕위에 올랐기 때문에 칠궁의 한 자리를 차지할 수 있었다. 그런데 대빈궁은 다른 사당과 다른 점이 하나 있다. 사당 기둥이 원형이라는 점이다. 해설사에게 그 얘기를 듣고 보니 다른 사당들의 기둥은 모두 사각형이었다. 해설사는 다른 후궁보다 더 총애를 받았기 때문이라고 하는데 세워진 시기가 다르니까 뭔가 만드는 방식이 다르지 않았을까, 라고 생각해본다.

### ❀ 다른 후궁들

대빈궁 왼편의 저경궁은 원종의 어머니인 인빈 김씨의 사당이다. 조선의 임금 중 원종이라는 시호를 받은 임금은 언뜻 떠오르지 않는다. 이 시호는 인빈 김씨의 손자가 바로 인조라서 사후에 추존된 것이다.

대빈궁

1623년, 반정으로 광해군을 폐위시키고 왕위에 오른 인조는 자신의 아버지인 정원군을 서둘러 추존하려고 했다. 하지만 임금으로 추존되려면 적어도 세자의 자리에 있어야만 했는데 정원군은 단 한 번도 세자의 자리에 있었던 적이 없었다. 어머니인 인빈 김씨가 비록 선조의 총애를 받긴 했지만 후궁의 신분이었고, 광해군이 내내 세자의 자리에 있었던 것이다.

어쨌든 인조는 대다수 신하의 반대를 무릅쓰고 자신의 아버지인 정원군을 원종으로 추존한다. 혈통을 중시했던 조선 시대에 반정으로 왕위에 오른 인조가 아버지를 왕으로 추존하려고 했던 것은 충분히 이해할 만한 일이다. 하지만 명청 교체기였던 당시의 급박한 정세를 고려하면 명분을 얻으려고 하다가 결국 국가의 위기를 제대로 보지 못했다는 손가락질을 받을 수도 있는 일이었다.

인조가 아버지를 원종으로 추존하면서 인빈 김씨는 자연스럽게 왕의 어머니가 되었고, 신주가 따로 모셔지게 된다. 처음에는 정원군이 살던 집에 옮겨놓고 저경궁이라 했으나 나중에 잠시 경우궁 안에 같이 모셨고, 1908년 이곳으로 옮기면서 따로 저경궁으로 세워진다.

대빈궁의 오른쪽에는 선희궁과 경우궁이 함께 있는 사당이 있다. 현판은 경우궁이 앞에 있고 선희궁이 뒤쪽에 있다.

경우궁은 정조의 후궁이자 순조의 어머니인 수빈 박씨의 신주가 모셔진 사당이다. 그녀는 칠궁의 여인 중 그나마 평탄하고 행복한 삶을 살았다고 할 수 있다. 정조가 아들인 문효세자를 잃자 후사를 잇기 위해 후궁을 간택했는데 거기에 뽑힌 것이 수빈 박씨이다.

입궐한 지 4년 후 그녀는 모두가 기다리던 아들을 낳는다. 후사를 잇게 했을 뿐만 아니라 어질고 현명해서 정조의 총애를 받았고, 남편이 죽자 아들이 왕위에 오르는 것을 지켜보는 행운을 누렸다. 1822년 세상을 떠났는데 신주가 모셔진 사당은 창경궁에 두고 현사궁이라고 불리다가 다음 해에 따로 사당을 만들면서 경우궁으로 이름이 바뀌었다. 이후 1908년 다른 사당들과 함께 육상궁 옆으로 오게 되면서 칠궁에 자리 잡게 된다. 칠궁의 다른 후궁들과는 달리 아들이 왕위에 오르는 걸 보고 자식보다 먼저 떠나는 행운을 누린 인물이다.

선희궁은 영조의 두 번째 후궁이자 사도세자의 어머니 영빈 이씨의 사당이다. 혜경궁 홍씨가 남편을 잃었다면 그녀는 아들을 잃은 셈인데 영조에게 아들을 처벌해달라고 요청했던 아픔을 겪은 여인이기도 하다.

영빈 이씨는 영조의 두 번째 왕비였던 인원왕후의 궁녀였다. 그녀가 영조의 눈에 띄어서 승은을 입은 것은 비교적 늦은 나이인 30세였고, 영빈에 봉해진 것은 딸들을 낳은 후인 1735년이다. 그녀는 40살의 나이에 아들을 낳는 기쁨을 누린다. 영조 역시 늦둥이 아들이 태어난 것을 크게 기뻐한다. 하지만 지나친

기대감이 독이 되었는지 사도세자는 차츰 미쳐갔다. 옷을 찢고 주변 사람들을 두들겨 패고 심지어 살인을 저지르기까지 했다. 영빈 이씨는 손자와 며느리들을 살리기 위해 남편에게 아들을 벌해달라고 요청한다. 사도세자가 큰 잘못을 저지르면 주변 사람들이 모두 연루될 수 있으므로 이를 막기 위한 것이었다. 결국 사도세자는 뒤주에 갇혀 죽었다. 그리고 그녀는 아들의 3년상이 끝나자마자 뒤를 따르듯 세상을 떠났다.

사도세자가 죽고 손자인 정조가 효장세자의 양자가 되면서 영빈 김씨는 잊혔으나 고종이 사도세자를 장조로 추존하면서 그녀의 무덤은 의열묘에서 수경원으로 승격되고, 나중에나마 한을 풀었다. 그녀의 사당 역시 선희궁이라는 이름을 얻으면서 칠궁 안으로 들어오게 된다.

## ❀ 칠궁을 나오며

칠궁은 종묘와 더불어 조선 시대에 사당을 어떻게 지었는지 알 수 있는 중요한 장소이다. 각각의 사연을 담은 사당들을 모두 돌아보고 정문으로 나오니 길옆에 한옥이 한 채 서 있다. 해설사에게 물었더니 삼락당이라고 한다. 원래는 송죽당이나 풍월헌처럼 재실로 사용하다가 광복 후 구 왕실 사람들이 거처로 썼던 곳이라 하는데, 1969년 1.21 사태 이후 이주를 시키고 현재는 빈 곳이 되었다고 한다.

칠궁은 규모가 크지 않기 때문에 해설사를 따라 걸어도 대략 30분 정도면 다 돌아볼 수 있다. 돌아보고 나서 잠시 사진을 찍을 시간이 주어지지만 역시 청와대 쪽으로는 촬영이 금지되어 있다. 도로를 건너 처음 왔던 무궁화동산 안내소로 가서 출입증을 반납하면 칠궁 관람은 끝난다. 경복궁의 후문 격인 신무문이 가까이 있으므로 경복궁을 돌아보고 시간에 맞춰 칠궁을 돌아보는 것으로 관람 코스를 짤 수도 있다.

무궁화동산 근처에 있는 청운효자동 주민센터로 나와 경복궁 방향으로 걸으면 다음 답사 장소인 사직단으로 갈 수 있다. 대략 1킬로미터 정도 되는데 내리막길이고 직선이니까 날씨가 좋다면 그냥 걸어보자. 쭉 내려오다가 경복궁역 2번 출구 맞은편에 있는 금천시장을 그대로 관통하면 사직단이 나온다.

## ❀ 종묘사직을 보존하옵소서

칠궁을 둘러본 다음에 가볼 답사 장소는 신하들이 임금에게 꼭 보존해야 한다고 아우성을 치는 장소 중 하나인 '사직단'이다. 종묘는 워낙 인지도가 있고 규모도 크지만 사직단은 상대적으로 잘 알려져 있지 않았다. 그럴 수밖에 없는 것이 규모도 작고 볼거리가 없기 때문이다.

칠궁 정문

사직단

하지만 사직단은 토지의 신인 '사'와 곡식의 신인 '직'을 모신 제단이 있는 장소로 종묘와 함께 국가의 상징으로 꼽힌다. 사실 사직단의 위상은 종묘보다 높았다. 종묘가 왕실을 상징했다면 사직단은 국가를 지탱하는 근본인 땅과 곡식을 상징했기 때문이다. 하지만 현실적으로 보면 왕실의 정통성과 권위를 보여주는 것이 종묘였고 조상을 모신다는 명분도 있었기 때문에 임금들은 사직단보다는 종묘에 더 관심을 기울였다.

사직단은 조선 시대의 전유물이 아니다. 삼국시대의 기록을 담은 〈삼국사기〉에도 종묘와 사직이라는 표현이 여러 차례 나온다. 특히 백제의 개로왕은 고구려 장수왕의 공격에 수도인 위례성이 함락될 위기에 처하자 태자인 문주를 남쪽으로 대피시키면서 자신은 사직을 위해 죽겠다는 말을 했다. 이때부터 이미 사직은 국가를 상징하는 장소가 된 것이다. 고려도 도읍인 개경에 사직단을 만들었다.

조선의 사직단은 1394년 이성계가 한양을 새로운 도읍지로 정하면서 만들었다. 북악산 자락에 경복궁이 자리 잡게 되면서 서쪽인 지금의 장소에 사직단을 만든 것이다. 그리고 동쪽에 종묘를 만드는데 궁궐을 세울 때 왼쪽에는 사직단을, 오른쪽에는 종묘를 세운다는 중국의 제도에 따른 것이다. 이렇게 만들어진 사직단은 조선 시대 내내 중요한 장소로 여겨져 종묘처럼 일반인의 출입이 금지되었다.

사직단의 위상에 금이 간 것은 1897년, 고종이 대한제국을 선포하면서부터다. 황제의 자리에 오른 고종은 하늘에 제사를 지내기 위해 환구단을 짓는다. 그 이후 사직단은 찬밥 신세가 되었다. 설상가상으로 고종이 헤이그 밀사 사건으로 물러나고 뒤를 이은 순종 때인 1908년, 일본의 압박으로 제사가 폐지되면서 사직단은 거의 잊힌 존재가 되고 말았다.

일본은 한술 더 떠서 주변에 도로를 만든다는 핑계로 사직단의 규모를 축소했고 사직공원으로 바꿔버렸다. 사직단의 수모는 광복 이후에도 이어진다. 도로가 확장되면서 대문은 원래 위치에서 뒤로 물러나야 했고, 부지 내에 도서관 같은 공공건물들이 지어지면서 한층 규모가 줄고 말았다.

보물 177호인 대문 옆의 통로로 들어가면 사직단을 둘러싼 높다란 담장이 나온다. 담장을 따라 걷다 보면 왼편에 홍살문으로 된 커다란 북신문이 나온다(바깥 담장에 있는 홍살문은 방위를 붙인 '신문'으로 불리는데 북신문과 남신문, 서신문과 동신문으로 불리는 식이다.).

계단을 밟고 안으로 들어서면 사방에 담장이 있는 북신문만큼은 아니지만 홍살문으로 된 제법 큰 문이 있다. 이를 '유'라고하는데, 신문에서 안쪽에 있는 또 다른 담장과 사방에 난 홍살문을 가르킨다.

안쪽 담장은 제단이 보일 정도로 낮다. 북신문과 마주 보고 있는 유문으로 들어가면 사직단이 보인다. 토지의 신인 '사'를 제사 지내는 공간이 왼쪽에 있고, 곡식의 신인 '직'을 제사 지내는 공간이 오른쪽에 있다. 제단의 크기와 높이가 똑같은 것으로 봐서 두 신은 동등한 위치다. 맞은편에 작은 전각이 한 채 있는데 사직의 위패를 모신 신실이다.

기껏 왔더니 이상한 제단 두 개와 작은 전각 하나가 전부라 실망스러울 수 있지만, 사방에 홍살문이 8개나 있다는 사실은 사직단의 위상을 보여주기에 부족함이 없다.

시대가 흘러 사직단은 더 이상 국가를 상징하지 않는다. 1988년부터 다시 제사가 모셔지기는 하지만 전통 행사의 일환일 뿐 예전과 같은 위상을 지니지는 못한다. 그런데도 사직단이 중요하고 다시 복원해야 한다고 말하는 이유는 역사의 한 축을 담당했던 장소이기 때문이다. 예전에는 임금과 신하들밖에 들어가지 못했던 곳을 지금은 일반인도 들어갈 수 있다는 점에서 역사의 방향이 바뀌긴 했지만 말이다.

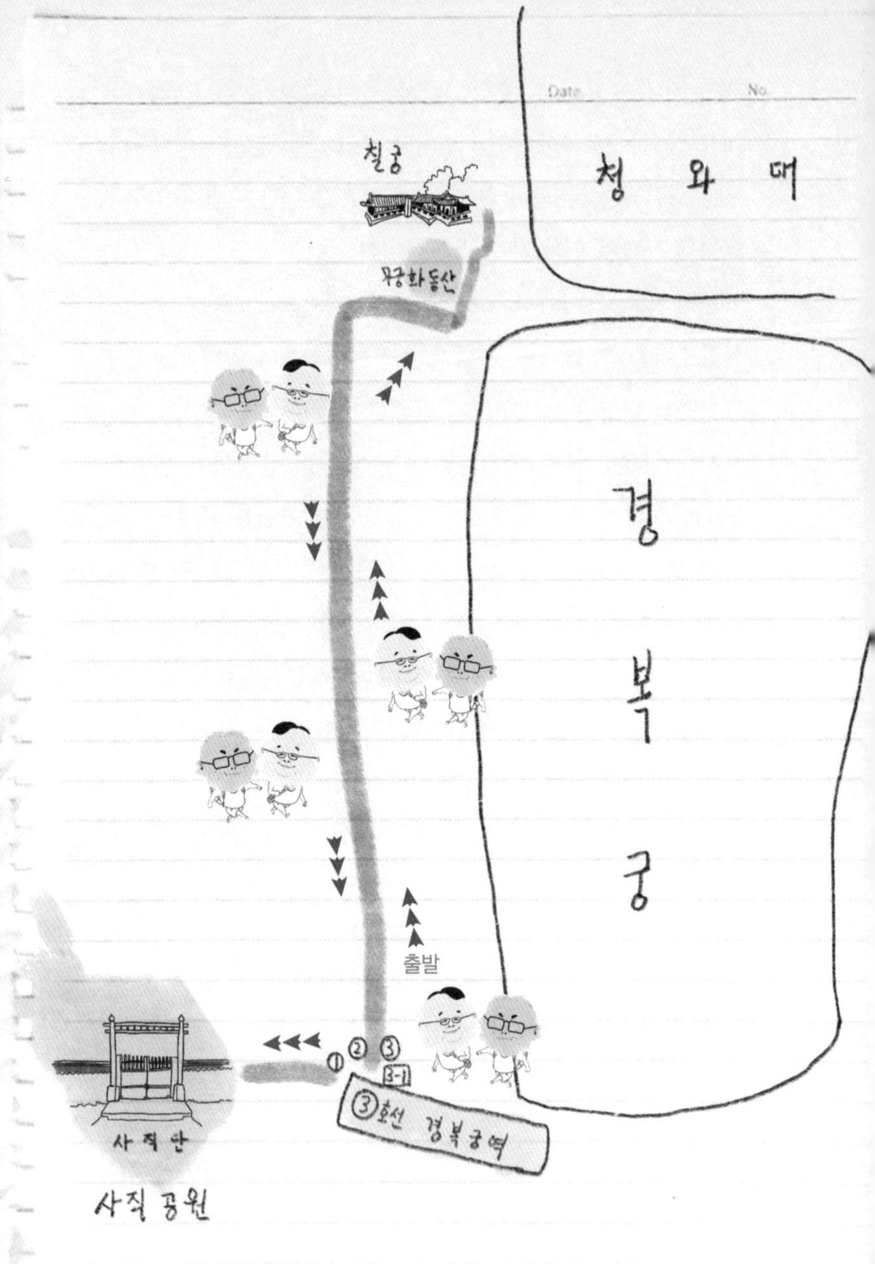
Date
No.
청와대
칠궁
무궁화동산
경복궁
출발
①
②
③
3-1
③호선 경복궁역
사직단
사직공원

### ❀ 이곳으로 가는 길

칠궁으로 가기 위해서는 먼저 무궁화동산에 가야 한다. 지하철 3호선 경복궁역 3번 출구로 나와서 버스를 타고 경복고교에서 내려서 가는 방법과 걸어서 가는 방법이 있다. 경복궁을 관람하고 신무문으로 나와 청와대를 본 후 효자동 삼거리로 걸어가 그 옆에 있는 무궁화동산으로 갈 수도 있다. 칠궁 관람을 마친 후에는 경복고교에서 버스를 타고 경복궁역으로 내려오거나 걸어서 도착한 후 세종마을 음식문화거리라고도 불리는 금천시장을 가로지르면 사직단이 나온다.

### ❀ 근처에 가볼 만한 곳

무궁화동산 건너편에 청와대 사랑채가 있다. 원래 대통령 비서실장 공관이 있던 곳을 전시관으로 바꾼 곳으로 2010년에 새롭게 탈바꿈했다. 이곳에는 대한민국 대통령이 해외 순방 중에 받은 선물들을 전시하고 있으며 청와대 대통령 집무실을 그대로 재현해놓았다. 자유롭게 관람할 수 있고 정해진 시간에 가거나 인원이 10명 이상일 경우 전시 해설을 받을 수 있다.

# 오래된 서울을 그리다

초판 1쇄 발행 2019년 11월 10일

지 은 이 정명섭, 김효찬

기획편집 도은주
SNS 홍보·마케팅 류정화

펴 낸 이 윤주용
펴 낸 곳 초록비책공방

출판등록 2013년 4월 25일 제2013-000130
주 소 서울시 마포구 월드컵북로 402 KGIT센터 925C호
전 화 0505-566-5522 팩스 02-6008-1777
메 일 jooyongy@daum.net
포 스 트 http://post.naver.com/jooyongy

ISBN 979-11-86358-66-5 (03910)

이 도서의 국립중앙도서관 출판예정도서목록(CIP)은 서지정보유통지원시스템 홈페이지(http://seoji.nl.go.kr)와 국가자료공동목록시스템(http://www.nl.go.kr/kolisnet)에서 이용하실 수 있습니다. (CIP제어번호 : CIP2019041833)